成全的智慧

——解读孩子成长的42个问题

曹纺平　周慧　主编

九州出版社
JIUZHOUPRESS

图书在版编目（ＣＩＰ）数据

成全的智慧：解读孩子成长的42个问题 / 曹纺平，周慧主编. -- 北京：九州出版社，2022.11
　　ISBN 978-7-5225-1398-0

　　Ⅰ.①成… Ⅱ.①曹… ②周… Ⅲ.①青少年教育 Ⅳ.①G775

　　中国版本图书馆CIP数据核字（2022）第216493号

成全的智慧：解读孩子成长的42个问题

作　　者	曹纺平　周　慧　主编
责任编辑	高美平
出版发行	九州出版社
地　　址	北京市西城区阜外大街甲35号（100037）
发行电话	（010）68992190/3/5/6
网　　址	www.jiuzhoupress.com
印　　刷	杭州万星印务有限公司
开　　本	710毫米×1000毫米　　　16开
印　　张	13.75
字　　数	205千字
版　　次	2022年12月第1版
印　　次	2022年12月第1次印刷
书　　号	ISBN 978-7-5225-1398-0
定　　价	58.00元

"后喻文化"时代的智慧指引

美国人类学家玛格丽特·米德在《代沟》一书中提出了著名的"三喻文化",即"前喻文化""并喻文化"和"后喻文化"。人类历史上很长一段时间都处于"前喻文化"时代,年轻人通过向年长者学习,掌握必要的生活技能,学会如何面对危险。但随着互联网时代的来临,年轻人成为网络原住民,他们在网络世界里如鱼得水,自由遨游,可以轻易获得海量信息。从某种程度而言,借助互联网,年轻人可能比年长者拥有更多的知识或信息。因此,人类社会不可避免地进入了"后喻文化"时代,即年长者需要向年轻人请教的时代。

许多年长者,如家长、教师,虽然充分享受了互联网的便利,但可能还停留在"前喻文化"时代,仍坚持认为自己必然比孩子拥有更多的知识、信息和智慧。因此,"火星"与"地球"激烈碰撞,冲突不可避免。对于这些冲突,无论是教师还是家长,都有诸多的不解,诸多无奈与无力。许多教师与家长反映,在教育一线工作和养育自己孩子的过程中,总是会有许多似曾相识的问题出现,让人一时束手无策。

在此种背景下,杭州景成实验学校曹纺平校长带领工作室的老师们从实际经验和鲜活案例出发,提炼出日常教育教学工作中的42个常见问题,编成《成全的智慧:解读孩子成长的42个问题》一书,用成长论坛的方式和大家分享如何基于学生视角"分析问题,找到方法"。这种具有现场感的"实战演练",从多角度为读者提供了有针对性、层次性的策略。每一个问题的应对策略都凝聚了主持人和参与嘉宾的教育智慧。论坛各抒己见之后的"成长贴士",从教育学和心理学的角度对案例做了注解,让大家能够理解现象背后的本质、策略背后的依据,让人拍手称好。

这本书切中"后喻文化"时代的痛点,可读性强,借鉴意义大,让我感到非常激动与兴奋,同时还有深深的钦佩。原来,我的身边就有这么一群为读懂孩子,了解孩子,携手孩子共同成长而不懈努力的热心教师和家长。他们析微察异,思考不断;他们互通有无,学习不止;他们朝花夕拾,笔耕不辍。这种教育的情怀以及钻研的精神让我非常感动,我诚挚地向广大读者推荐此书。

这是一本"后喻文化"时代学校教育与家庭教育相融通的科普书。如何更好地了解"后喻文化"时代的孩子,如何获得解决问题的好方法,是这本书的主要内容。书中的方法来自教师、家长和专家,可谓集众家之长。作为家长,我们想走进孩子的内心,了解孩子童年的秘密,但是,"父母光有爱是不够的,好的父母还需要好方法"。作为教师,我们要掌握解决某一问题的普遍性方法,更要针对某一个孩子的具体情况做灵活的、个别化的处理,实现从"教导式"教师向"辅导式"教师的转变。

这是一本生动案例和理性思考相结合的指导书。书中包含着大量"过来人"的"方子",等着您融会贯通,"望、闻、问、切"后药到病除。如果您对孩子或学生的某一问题束手无策,建议您按照书中的方法去试一试,这些方法无外乎就是要解决情绪的问题、沟通时机的问题、指导策略的问题。这些方法都值得您去践行,也能引起您的思考。

我由衷地希望这本书能够成为"后喻文化"时代家长育儿路上和教师一线工作中的得力助手,能指引家长和教师更多地从孩子的视角来看问题、理解问题,更善于从孩子身上看到优势、习得智慧,携手走向"并喻文化"的新时代。

浙江省教育科学研究院副院长

2022 年 8 月 26 日

目 录
CONTENTS

149 ·········· 第三章 营造成长的环境

209 ·········· 后 记

第一章

远离成长的烦恼

生活　学习　品德　社交

什么时候，我们会对孩子说"宝贝，你真是长大了"？

——也许是孩子在我们忙碌了一天后递上一杯水时，也许是孩子学会自己分析考试出错原因并主动规划时，也许是孩子对于别人的困难伸出援助之手时……

对一个孩子成长的评价，时时处处发生在生活中。因为对于成长的定义从来不指向某个特定方面，而是全面的，也是多元的。他们在德智体美劳任何一个方面的进步都足以让我们倍感惊喜和骄傲。

什么时候，我们会发现孩子变得和以前不一样了？

——是孩子放学回来不再黏着你，叽叽喳喳分享学校的趣事时？是孩子放假喜欢和朋友待在一起，不喜欢和我们亲子游时？是孩子一次又一次为了手机和我们"据理力争"时……

我们都有过这样的境遇，当我们还像以前一样和他们沟通，突然有一天，一切都不同了。孩子在我们不知不觉中，悄悄地成长着。孩子的成长，每个阶段的特点是不一样的，这是因为不同时期人的心理、生理成熟度，与其在生活中的社会角色表现往往不是同步的。但只要我们稍加留心就会发现，处在相同阶段的孩子，虽然表现得各不相同，但他们的成长总也是似曾相识。

"我的孩子放学回到家总是先玩好久，不写作业！""我不知道如何让孩子学会自己理财，又怕他太会用又怕他不会用！""我的孩子性格越来越内敛，我总担心他不够自信，交不到好朋友！"……面临诸如此类的问题，我们不必过于焦虑，这是孩子成长的必经之路。孩子出现问题时，正是他们最需要我们的时候！只要我们提前做好准备，以积极的心态面对问题，我们就有机会拥抱孩子的每一次成长。

今天，就让我们从"成长的烦恼"出发，站在家长和老师的不同角度，共同探寻这些烦恼背后的原因，以及解决它们的思路和方法。希望本章的内容，不仅能让您听见孩子们内心的声音，找到作为家长或老师遇到问题时的共鸣，也能为您提供些许解决问题的思路和方法。

孩子的成长，从来都不是孤独的，我们关切的目光，倾心的帮助，坚定的守望，及时的行动，都是他们成长路上不断前行的力量。

让我们一起拥抱孩子的每一次成长！

如何监管和指导孩子合理使用电子产品？

凌晨1点，小可边用手机听歌边写作业。此时，小可妈妈起来上卫生间，看到门缝里透过来的光，感觉不对，便来敲门。小可慌了，犹犹豫豫不敢开门。于是，妈妈的"敲门"变成了"破门"，进入后，妈妈搜出了小可藏在被窝里的iPad和手机……

这样的场景在中小学生的家里常常会上演，不仅如此，在学校里，老师和学生也会因为智能手机、iPad等电子产品带来的问题"斗智斗勇"。但事实上，智能手机除了通讯功能外，还可以娱乐、社交、导航、购物、乘车……当然也少不了辅助学习的功能。可以这样说，我们已经不可能再回到那个没有智能手机的年代了。

那么，家长和老师要如何看待孩子使用手机、iPad等电子产品，又如何监管和指导孩子合理使用电子产品呢？

成长论坛

【主持人】

杭州市明珠实验学校付辉老师

【嘉　宾】

杭州市青蓝小学刘斯悦老师

杭州市景成实验学校洪燕老师

杭州市青蓝青华学校崔琳妮老师

杭州市景成实验学校陈爸爸

杭州市教育科学研究院副书记、副院长沈美华老师

付　辉：

刘老师,近年来,学生中手机的拥有率和使用率越来越高,您可以给家长提供一些监管和指导孩子合理使用电子产品的建议吗?

刘斯悦：

当今社会是一个信息化的社会,电子产品已经成为每个家庭中不可或缺的产品之一。作为家长和老师,我们清楚地知道电子产品不是洪水猛兽,那么该如何正确地引导孩子呢?

首先是要丰富家庭生活。家长应尽可能多地帮助孩子创造与同伴、自然交流的机会,要有丰富多彩的家庭亲子活动,阅读、运动,观影、博物馆游玩,甚至在家里一起打扫卫生、烧饭。这些经历能带给孩子愉悦感、美感、成就感、冒险感和刺激感,能有效地降低手机对孩子的诱惑。

其次,要告诉孩子健康使用手机。告诉孩子在黑暗中玩手机对视力有伤害,使用手机时尽量打开房间的灯;每次约定玩手机的时间;睡觉时,不要把手机放在枕头底下,以免手机辐射危害头部。

第三,要和孩子约定使用手机的规则。每天要控制孩子玩手机的时长,不能听之任之。明确几个时间点必须得放下手机:吃饭时不碰手机;写作业时不用手机;与父母、同伴交流时不看手机;走路时不拿着手机;睡觉

前不玩手机。

付　辉：

洪老师，我们知道手机往往是亲子冲突的导火索，很多家长存在孩子手机管控方面的困惑，我知道您在班级管理中有智慧、有策略，对于家长的手机监管困惑您有什么好的建议呢？

洪　燕：

时代的发展，让我们不得不思考这个问题。我有三个小小的建议：

一是因势利导，让电子产品从玩具变成工具。有一次，有个家长问我："老师，我们家孩子很喜欢看抖音，一看就停不下来。"我给她支了一招："多关注有关写字的视频，这样下次会多次刷到写字的视频。"总之，要在家长、老师的陪伴下，因势利导，让电子产品成为孩子们的工具也是件幸事。

二是曲线救国，让户外活动回归童年世界。游戏也罢、短视频也罢，在这个虚拟的世界里充斥着大量的即时刺激。但人的注意力是有限的，此消彼长。不妨让我们以家庭为单位，多出去走一走、玩一玩，吸引孩子注意力，引导孩子更多关注、感受现实世界。

三是产品升级，尽量选择对眼睛好的产品。随着电子产品的发展，我们有更多的选择。家长在选购产品时可以关注一下这方面的需求。

付　辉：

崔老师，听说您在工作中也遇到过类似的问题，那么，您是如何巧妙解决的呢？

崔琳妮：

在数字化快速发展的时代，完全不让孩子接触电子产品是不现实的。电子产品早已不是洪水猛兽，但电子产品链接的信息良莠不齐，所以我们的把关和引导至关重要。

教育孩子合理使用。家长可以利用家庭会议的时间来和孩子一起讨论电子产品的使用，制定出双方都同意的使用规则，比如怎样用好电子产品这个"学习助手"，每周使用电子产品的次数以及每次使用的时长等。在实行过程中，坚决按约定执行，不妥协。

家长要做出榜样。尽量不当着孩子的面玩电子产品，也不把电子产品作为"交易筹码",比如"快点写作业,写完就给你玩"之类的。

增加陪伴。一部分孩子之所以沉迷玩电子产品,很大的原因是父母较少陪伴。闲暇时带孩子去户外走走,相信孩子注意力就会慢慢转移。

当然,对于自觉性高、自制力强、学习目标明确的学生,不妨放心让其使用电子产品,我们予以适当监管和引导。而对于自控力差、意志薄弱的孩子来说,还是严格管控,不在严密监控下不许其使用为宜。

此外,作为一位小学低段的班主任(班中沉迷电子产品的孩子目前几乎没有),我该怎么引导?我借助家校联系本调整了电子"打卡"的作业,减少孩子能找到"冠冕堂皇理由"的机会;在遇到难题时鼓励孩子们通过同伴讨论、请教老师、查找工具书等途径解决;开展主题班队课,例如,"我有一双明亮的眼睛"主题班会,帮助学生了解沉迷电子产品带来的危害以及如何合理使用;开展阅读节、飞花令等班级活动,让孩子"忙"起来……

付　辉:

凡事预则立,不预则废。我们看到有些家长通过召开家庭会议的方式和孩子"约法三章",有的家长指导孩子正确合理使用手机。下面我们请景成实验学校的陈爸爸来分享一下他的经验。

陈爸爸:

手机用于学习还是娱乐,由家长的态度与行动决定。孩子学习时,家长绝对不可玩手机,一起学习是最理想的。孩子休息时,家长也绝对不可玩手机。孩子休息时,家长与孩子互动,一起看课外书,下棋,玩扑克,进行室外活动,也可以一起学美术。家长变成了孩子的玩伴。孩子有了玩伴,玩手机、iPad的想法就会少很多。

鼓励孩子玩玩具,听音乐,学一项技能。多一种爱好,就少一分玩手机。创造条件,让孩子找小伙伴一起玩,一起学习,体育运动,同时能够提高孩子的情商。

玩手机的时间要限制。告诉孩子为什么要少玩手机。习惯成自然,就不会过分地玩手机。

方法千万条,我们要努力成为孩子成长过程中的引领者、陪伴者和督促者。

付　辉：

沈院长,很多家长反映孩子小时候不迷恋电子产品,有很多朋友,也有自己喜欢的娱乐方式,可是慢慢长大了,孩子越来越专注电子产品,亲子关系也变差了,面对这样的困惑,您有什么好办法呢?

沈美华：

我们生活在一个移动互联网时代,iPad、手机、电脑等电子产品已完全融入了我们的生活,同样也已经深刻地融入孩子们的生活和学习中。如果我们把这么一个生活的工具当成违禁品,一味禁止孩子接触,只会激化孩子的叛逆心理;况且科技发展日新月异,完全禁止孩子使用电子产品,等于强行让孩子与社会脱节,这对他们未来的成长有害无益。教育宜疏不宜堵,给孩子恰当的引导和规定,让孩子培养正确合理地使用电子产品的习惯,才是最好的办法。

首先,以身作则,做好榜样。

家长是孩子的第一任老师,家长日常的行为习惯会深刻地影响孩子的行为习惯,所以家长要以身作则:一是尽量减少家里的电子产品数量,或很好地将它们隐藏起来;二是不当着孩子的面玩电子产品;三是不把电子玩产品作为"交易筹码",比如"你快点完成作业就给你玩"之类的。

其次,制定协议,合理使用。

要让孩子认清自己对电子产品的真实需求,意识到过度使用电子产品的危害,不要在生活和学习上过度依赖电子产品;可以和孩子一起商量、制定合理的电子产品使用协议和计划,并严格执行。为了更好地履行协议和计划,还可以适当地制定一些奖惩制度。

再有,充实生活,转移注意力。

可以引导孩子发展更多的兴趣爱好,丰富自己的业余生活;也可以发起一些有趣的家庭话题,多和孩子聊天;还可以和孩子一起做家务、一起做运动、一起做游戏等,用亲子活动代替网络游戏。

成长贴士

　　随着手机功能的日渐强大,我们也确实越来越离不开手机。但如果你觉得孩子无法很好地控制使用手机的时间,先别急着责怪孩子,网络世界投射着现实生活中的需求。

　　家长需要看见玩手机背后的"隐性需求":孩子之所以爱玩手机,是因为在游戏和小说中他们可以是叱咤风云的英雄,总能得到肯定和赞美;无论是发动态还是发游戏信号,都能立即得到朋友的回应;一番精妙的操作之后,胜利能带来成就感;网络上志同道合的人那么多,总能找到在团队中的位置,体现自己的价值;在广袤的网络空间随心所欲地探索,没有父母的束缚和怀疑;失败了也没关系,可以随时重来……依赖手机,绝不仅仅是依赖那个小小的电子设备,而是在不断寻找这些对我们至关重要,却在现实生活中缺席的感觉。

　　明确了对手机的需求后,我们就可以与孩子在现实中找寻缺失的能量,积攒回归生活的热情。

如何更好地培养孩子的责任与担当意识？

吃完零食后随手乱扔包装袋，游戏结束后满地乱放玩具，作业偷懒，做错事不敢承认，甚至自私自利，这都是孩子没有责任感的表现。我们教育孩子要对自己负责、对家人负责、对集体负责、对社会负责，从小养成责任感，长大了就能很快适应社会，能够照顾家庭，做好工作，尽职尽责，成为优秀人才。对于中小学生，我们怎样更好地培养他们的责任意识？

成长论坛

【主持人】

 杭州市风帆中学方钧老师

【嘉　宾】

杭州市东园小学沈熠老师

杭州市景成实验学校赵词慧老师

杭州市风帆中学家长王妈妈

杭州师范大学赵志毅教授

方　钧：

我们都知道，好习惯需要从小培养。作为一年级孩子的班主任，您对培养孩子的责任意识有怎样的建议？

沈　熠：

培养孩子的责任意识，除了让孩子从日常的学习生活中树立起自己的事情自己做的意识之外，家长和老师更可以于生活的细节之处，关注孩子的言行，及时因地制宜，就地取材，引导孩子勇敢承担起责任。

例如，犯错之后，孩子可能会直觉上逃避自己的错误，用客观原因甚至是谎言来掩饰自己的错误、问题，逃避犯错误所需要承担的结果。老师如果发现这样的苗头，可以寻索根本原因，携手家长一起帮助孩子认识到犯错是正常的，人一生中总会犯错，但勇敢的孩子勇于承认自己的错误，并能承担起错误的后果，竭力去弥补，也能够在下一次改正自己的错误，这就是一种对自己对他人负责的态度。必要时，我们可以陪着孩子去勇敢面对自己的错误，鼓励他迈出这一步。

再例如，当孩子为了能够完成自己的分内之事而可能出现一些冲突，比如小干部工作与学业之间的问题，我们可以携手家长，引导孩子协调好学业与工作的内容，帮助他承担起责任，而不是让他选择其一，逃避其一。当孩子出现不守约定不负责的情况时，我们要及时分析这个情况的后果，告知不负责所带来的负面效应，引发孩子的思考，可能的话也可以让他体会一下这种因别人不负责造成的感受。

简言之，关注孩子的生活细节，分析问题背后实质性的根源问题——责任感，帮助孩子在具体实践中落实责任感。天长日久，责任感就不会是一个"高标杆"的名词，而会体现在孩子日常的生活中。

方　钧：

赵老师，作为初中的年级主任，关于如何培养学生的责任意识，您能为我们年轻班主任支支招吗?

赵词慧:

什么是责任? 责任指个体分内应做的事,来自对他人的承诺。由此定义出发,要培养孩子的责任感,应该关注以下几个方面:

确立归属感。很多家长在家庭中喜欢帮孩子包办太多,没有充分尊重孩子的决定,孩子更多感觉家庭的事务与自己无关,也无权做主,因此会对家庭的事情漠不关心。要想培养孩子的责任感,首先要让孩子确认,自己是团体的一分子,自己很重要——分内之事,义不容辞。在家里,多多让孩子参与家庭事务;在学校里通过集体活动让学生对集体产生认同感和归属感,以及通过参与公益事件、团队活动让孩子培养社会责任感。

确立责任范围。哪些事是孩子的责任,应该引导孩子认识清楚。比如说在家中,孩子需要自己做好整理书包、个人卫生等等。同时,随着孩子年龄成长,责任范围应该是不断扩大的,应该让孩子认识到成长是伴随着肩上职责的增加。老师、家长都应在平时的生活中对职责的范围进行明确。

强化承诺意识。责任意味着担当,意味着对一部分人负责。家长、老师应该不断给予完成自己责任的孩子以引导和鼓励,让他们明白,履行责任,并不仅仅是做自己愿意做的事,因为身处团体,有很多对你很重要的人,你对他们负有责任,担有承诺。负责不仅意味着对自己负责,也同样意味着对他人负责。在学校老师可以通过表扬,批评等不同方式不断强化学生的承诺完成感,比如对于尽力完成比赛的孩子,无论结果,都应嘉奖他对于比赛的负责,对于班级荣誉的维护。对于不重视班级集体荣誉的行为,也应及时进行班级的讨论和引导,让学生意识到,自己对他人负有责任和承诺。只有所有人尽力了,自己的集体才能前进,自己才能真正受益。

方　钧:

小王同学是班级中大家的榜样,不仅学习成绩名列前茅,能为自己负责,也担起了班委的职责,帮助老师将班级管理得井井有条。作为两个孩子的母亲,您是怎样培养孩子的责任意识的?

王妈妈:

从小教育孩子要说话算话。让孩子为自己的言行负责,不要觉得孩子小,只是童言无忌,可以不用履行自己说过的话;恰恰相反,培养孩子承担责任就要小开始。

让孩子学会自己的事情自己做。家长不要因为爱孩子,就去包办孩子的一切事情。我们家的两个孩子两三岁的时候就能帮忙分担家务了,妹妹现在已经可以用洗衣机洗衣服、使用洗碗机和扫地机器人打扫全家卫生,哥哥也会帮忙打扫卫生、在厨房打下手。

家长要在孩子面前树立好榜样形象。言传身教对孩子的影响极大,孩子从小就在学习父母的言行举止,我们一定会在孩子面前做好榜样,也会提醒外公外婆爷爷奶奶都要做好榜样,孩子在充满责任感的家庭氛围中成长,会在潜移默化中培养起责任心。

多让孩子参与家庭决策:小王在家里已经能作为家庭成员发表意见和看法,这是培养孩子有作为家庭成员的集体意识,让孩子作为家庭中的一员,为家庭出力。同时我们也会因为孩子承担他的责任而表扬、鼓励,这能让他们在之后的生活中对家庭和自己担负起属于自己的责任。

方　钧:

赵老师,我拜读了您的《我国城市初中学生公民意识现状调查研究》,您得出了"当下的初中生的同伴责任意识与家庭责任意识都比较淡薄"的结论。想请教您,关于中小学培育学生的责任意识,您有怎样的看法?

赵志毅:

我一直从事公民教育的研究,责任意识也是公民教育中重要的一环,学校、家庭需要通过公民教育,培养有责任心的未来公民。

对于学生责任意识的欠缺,我认为主要有两个原因:一是目前的媒体宣传、网络舆论方面有漏洞,对责任意识的宣传不够到位,社会上应当注重对责任意识的宣传和鼓励。二是教育中权利意识的欠缺。责任,就是学生应当履行的义务,与义务所对应的就是权利。教育中要将权利与义务的关系对等起来,就如同一辆车的两个轮子,如果过分强调责任而少强调权利,这辆车只会在原地打转,只有权利与责任同样重视,教育的车辆才会往前推进。

新时代的学生,很重视个人的权利。从孩子的角度出发,他有"想做什么的权利",而家长和老师过分强调"必须做什么的义务",孩子的行为就成了"逆反"。当过分强调义务而少强调权利时,就会发生矛盾。而如今的学校教育中,老师对教育主体——学生的权利强调较少。我国要建设法治国家,就要从学生的教育开始,加强权利意识的教育,培养权责对等的意识,才能培养未来公民的责任意识。同时,权利也不能谈过了头,不然责任意识的缺失,会造成自私自利的心态。

成长贴士

在心理学中,正强化指任何使我们以后进行该行为的可能性增加的结果。用在孩子的教育上,就是奖励那些符合组织目标的行为,以使这些行为得到进一步加强,从而有利于组织目标的实现。

对于孩子责任心的养成,通过正向的反馈和激励,能激发孩子承担责任的意愿。当孩子完成一件对自己负责、对集体负责的事情后,我们及时地奖励他、表扬他,他会得到自豪感、集体荣誉感。总之,正强化机制能帮助孩子更快成长。

成长话题

如何为"闺蜜群""兄弟群"注入正能量？

　　我们总是担心青春期孩子的异性交往，却常常忽略了男生与男生之间、女生与女生之间的交往是否健康而充满正能量。事实上，男生与男生之间、女生与女生组成的非正式群体在青春期孩子中随处可见，比如篮球小团体、炫鞋小团体等等。拿女孩子来说，最常见的是"闺蜜群"，三五个女孩子，下课时聚在角落"密谈"，回到家里，还要花费大量时间聊"无用的家常"。不仅如此，在班级活动中，她们还会因为"闺蜜"没被选上，负气集体退出，进而影响了班级荣誉。甚至，她们还会因为一个"共同的敌人"，而更加"团结一致"。

　　这样的"闺蜜群""兄弟群"，显然不利孩子们的健康成长，也不利于形成积极向上的班集体，但又不可避免地存在，那么，老师和家长要如何为它们注入正能量呢？

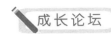 成长论坛

【主持人】

 杭州市风华中学苏洁老师

【嘉　宾】

杭州市长江实验小学许乐老师

杭州市朝晖实验小学余昌文老师

杭州市胜蓝中学汤来顺老师

拱墅区教育局主任督学杨仙萍老师

苏　洁：

许老师，您是一位资深的一线小学班主任，也是一个班主任工作室的领衔人，您是否也碰到过"闺蜜群"和"兄弟群"？您是怎么看待这些群体、又是如何应对的呢？

许　乐：

我曾经带过的班级也有类似的小圈子。还记得有一次，"闺蜜团"有个女生跟我诉说，她实在无法忍受有些小伙伴的坏习惯，但又不想得罪闺蜜。于是，我让她思考三个问题：首先，什么样的人才是自己理想的朋友？ 其次，朋友相交重在互相的付出，你们的交往是不是这样？ 第三，如果觉得确实不合适，你会大胆说"不"，还是逃避忍耐呢？

其实，到了小学高年级以后，兄弟团、闺蜜团很常见。我觉得作为班主任也好，作为家长也好，如果觉得这种小团体不阳光，不健康，甚至还比较消极，那就应该抓住任何一个可教育的契机，引导孩子领悟交友的真谛，学会对兄弟团、闺蜜团说"不"，从而杜绝不正风气的蔓延。

苏　洁：

余老师，我们小的时候，家长常常告诉我们，要跟读书好的同学一起玩，不能和调皮捣蛋的同学一起玩，这个做法到现在也很常见。您是一位小学教师，同时又是我们今天论坛的家长代表，作为一位优秀、阳光的孩子的父

亲,您是否主动影响孩子交朋友、交什么样的朋友呢?

余昌文:

"近朱者赤,近墨者黑",家长最担心的就是看到孩子与一些有不良习惯的朋友在一起,害怕孩子会跟着沾染那些不好的习惯,在这样的情况下应该怎么办呢?

客观评价"闺蜜群"或"兄弟群"中的朋友。家长应该寻找契机与孩子交流他的那些朋友身上存在的一些优点,形成与孩子交流的突破口,让孩子能清楚地看到朋友身上的优点和缺点是同时存在的,让他意识到那些缺点对他的成长是不利的。

深入寻找"闺蜜群"或"兄弟群"存在的原因。孩子交一些不良习惯的朋友,是因为在这些朋友之间,会感觉很舒服,能找到一种成就感,或孩子在朋友身上可以得到被理解、被接纳的包容感。而在父母和老师那儿得到的都是教育与批评。所以,不要盲目批评孩子,要针对孩子的实际情况去帮助孩子。

鼓励孩子释放青春期的能量。家长可以以信任的态度交代孩子一些事情去做,并不断地肯定他的能力,让孩子得到一种被认可、被接纳、被理解的喜悦与价值感,孩子自然就会离"不良"朋友越来越远。

苏　洁:

汤老师,您曾被评为杭州市最令人爱戴班主任,您的班级也常常充满欢声笑语。您对"闺蜜群"和"兄弟群"是怎么看的呢?

汤来顺:

对班级小团队,我的态度是"宜疏不宜堵"。班主任不妨这样做。

一是营建良好的班级氛围。有良好的师生关系,学生就会乐意以积极的、热情的姿态来回报班集体。老师的爱、同学间的情谊都能转化为学生关心集体的动力。

二是欣赏学生,捕捉学生的闪光点。当自己正面、积极的形象得到大家的认可,学生就会自觉、积极地融入班集体中去;学生在班集体中有了安全感和归属感,自然就不会热衷于搞团团伙伙。

三是信任学生,委以重任。一个好汉三个帮,利用团队的群体优势,发挥协同效应,去完成一些特殊任务;制造小团队为班级争光的机会,激发他们的进取心和积极性,引领小团体良性发展。

试图"瓦解、分化"班级小团队的做法,只能是维持班级一时稳定的权宜之计;立足于学生终身发展的教育,更应着眼于培育正能量满满的小团队。

苏　洁:

杨老师,您做过校长,又在西澳大学孔子学院担任过老师,有着非常丰富的教育经历,对于"闺蜜群""兄弟群"您是怎么看的?

杨仙萍:

非正式群体其实普遍存在于社会生活中,所有非正式群体都有若干共同的特征,比如群体成员有着相同的年龄或经历,他们有着共同感兴趣的话题,或者面对同样的烦恼和困惑,并能从相互交流中获得解决问题所需的信息或其他帮助,进而获得安全感和归属感。

青春期的"闺蜜群""兄弟群"作为非王式群体确实特别值得老师和家长去关注和引导。试想,青春期前为什么没有这样的非正式群体?是因为孩子太小,没有很强的独立意识,家长和孩子本人都不自觉地把孩子当作家长的附属物。成长过程中很多重大的矛盾和问题,都由家长和老师代为处理了。而青春期后的非正式群体,由于个体思想日渐成熟,其参与非正式群体的交流和聚会,已经能分辨是非善恶,从而决定自己行为上跟从与否。一个成年人通常会是几个不同的非正式群体的成员,参与与否,以及在行动上与群体内其他成员的协同程度,每个成年人都已经有了自己把握的标尺。青春期的"闺蜜群""兄弟群",由于孩子的·心智还在从不成熟向成熟变化,所以对青春期孩子的影响至大。我们可以举出很多青少年团伙作案的例子来说明,如果参加的非正式群体核心成员有不良的道德和行为倾向,可能会带动一群青少年变坏。

青春期的"闺蜜群""兄弟群",是一个人从没有自我概念,到形成自我概念过程中必须经由的过渡阶段。这个过程中,孩子本来在父母身上得到的安全感和归属感随着他们的自我意识觉醒而被打破,所以他们需要从"闺蜜群""兄弟群"获得安全感和归属感,从比他们有了自己独立的内心世界,甚至于这个世界最不愿意向自己的父母公开。比如很多孩子对自己的父母屏蔽朋友圈,就是这个心理的自然反应。因为他们知道在父母面前,他们自身还不够强大,他们如果袒露内心,仍免不了被父母控制,但自我意识的觉醒让他们对受制于父母充满排斥。他们只有强大到足够跟父母平起平坐,才会又逐渐向父母袒露心怀。

青春期的"闺蜜群""兄弟群",需要老师和家长共同配合,做到:心平气和认可,耐心仔细观察,深入分析原因,不动声色引导。

第一,心平气和认可。作为老师和家长,要意识到这是一种客观存在,洞察孩子内在心理的需求,不要简单粗暴地干涉、扰乱"闺蜜群""兄弟群"的交往。简单粗暴干扰,导致的结果是非正式群体成员之间更加铁杆的关系和更加负面的对抗。

第二,耐心仔细观察。任何一个青春期非正式群体的形成,都有不同的原因,需要父母和家长耐心仔细观察。对非正式群体介入更深的孩子,大概率可以推断其在自我概念建构过程中,从家庭外部获得安全感和归属感的需求更强烈。这也可以解释有些家庭氛围比较民主平等的家庭,家长能洞悉孩子心理的需求,其孩子可能就不会很深地介入某个非正式群体中。由于家长与孩子一对一接触的时间比较多,又有天然的血缘亲情,家长应当更多地承担好观察者的角色。

第三,深入分析原因。观察的目的是获取信息,掌握孩子的思想动向,所以一旦非正式群体出现了不良的倾向,老师和家长要保持以信任为基础的沟通。在仔细观察、充分沟通的前提下,老师要发挥专业人员的角色,主导深入分析原因,与家长一起商量引导激发非正式群体正能量,同时也促进其中每一个孩子健康成长的方案。

第四,不动声色引导。除了确实很严重的情况,一般"闺蜜群""兄弟群"的不当言行、不良倾向,建议老师和家长不要采取呵斥、惩罚等负面手段。在引导的过程中一方面遵循"擒贼先擒王"的原则,瞄准"闺蜜群""兄弟群"的核心领导人物,一般一两个核心人物转变了,整个非正式群体也转变了;另一方面要通过孩子容易接受的方式谈心,去除心理上的抵触情绪,进而压任务、搭平台,让非正式群体以完成班级重大任务、进行相关才艺展示等多种方式,积极传播出他们的正能量,使非正式群体的活动巧妙地融合进班集体建设。

每个人的心中,都有一盏心灯,等待老师、父母、他人去点亮。老师和家长互通信息,多把孩子的优点和进步聚合起来,让他们在一定的场合、以一定的方式闪亮地展现自己,孩子一定会成长得更加健康。

成长贴士

根据人本主义心理学家马斯洛的需要层次理论,群体生活之所以对人来说非常重要,是因为群体给人们提供了重要的心理保障,满足了人们心理上的需要。非正式群体区别于正式群体,它是因为个人目标而非组织目标而成立的,它往往满足了成员的归属需要和安全需要。在非正式群体中,个体会在思想上和行为上趋向一致,否则个体会产生压力和焦虑,感到格格不入。

因此,要引导好非正式群体,首先要肯定该群体存在的合理性,因为它满足了部分人的心理需要;其次是要引导非正式群体和正式群体目标保持一致,而非背道而驰。在论坛中,各位老师和家长提出的转变主要人物、捕捉和认可该群体的闪光点等举措,都符合人本主义思想,值得借鉴。

如何度过一个安全、快乐而有意义的假期？

"小明，这两天好好复习，坚持就是胜利。"妈妈看着正在复习迎考的小明，心疼地说道。"那妈妈，等到放假了，能让我玩游戏吗？"小明看着妈妈，一脸期望。

期末了，令人期待的假期就要来临了。学校在布置一些作业的同时，也会要求孩子们合理安排作息时间，加强体育锻炼，积极参与家务劳动等，多数的家庭可能也早早就安排了走亲访友等活动，有些家庭可能还为孩子报了培训班。

的确，每个孩子及其家庭的情况都不尽相同。那么，老师和家长对孩子们度过一个安全、快乐而有意义的假期有哪些具体建议呢？是好好玩乐呢，还是继续学习呢？抑或是有更好的点子呢？

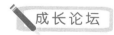

【主持人】

杭州市景成实验学校洪燕老师

【嘉　宾】

杭州市安吉路教育集团新天地实验学校卢灿老师

杭州市景成实验学校陆妈妈

杭州市景成实验学校赵词慧老师

杭州市景成实验学校方文琳老师

杭州市明珠实验学校付辉老师

洪　燕：

卢老师，作为小学教师，您一直深受家长和学生喜欢和信任。面对这个问题，您一般会给家长怎样的建议呢？

卢　灿：

要想过一个安全、快乐而有意义的假期，"适度"和"坚持"非常重要。

学校布置的作业往往面向大多数孩子，具有基础性和普适性，而每个孩子及其家庭的情况不尽相同，假期计划和作业也该因人而异，在学校安排的基础上进行完善，增加个性作业。个性作业可以是练字、朗读、阅读、计算等基本技能巩固，可以针对某些薄弱环节进行补足，可以在赏景观影等活动中深入思考，更可以对自己的优势学科进行提高……归根结底，得先进行自我学情分析：思考优势在哪？不足在哪？潜能点在哪？而不能盲目跟风，更不能胡子眉毛一把抓。

无论增加怎样的个性作业，都不要以磨灭孩子的学习兴趣、打压孩子的学习热情为代价。古人言"过犹不及"，万事都需把握好"度"，保护孩子长久的学习力非常重要。寒假时间较长，足够孩子养成一个新的好习惯，尤其是坚持每天学习的习惯，坚持的结果往往能带来惊人的影响力。

洪　燕：

陆妈妈，作为小学家长，同时又是二胎家长，您的孩子假期生活丰富多彩，能跟大家介绍一些具体的做法吗？

陆妈妈：

我家是二胎家庭。假期正好是孩子们学会相处的好契机。

我会给孩子们自由玩耍的时间，让大宝带着二宝玩一些亲子游戏，比如一起玩橡皮泥、一起画画,让老大教老二,增进亲子关系。我会带他们一起户外运动,比赛跳绳、跑步。

同时,老大整理自己的书房的时候,我也会鼓励老二一起参与进来。还可以教孩子一些生活技能,比如包饺子、做甜点,不一定要做得多好,重在参与,发挥孩子的创造力和动手能力。

小宝午觉时,老大就利用难得的安静时间来阅读,增加课外知识。老大看书阅读的时候,我会引导老二自己写写画画,学着姐姐的样子一起安静地做一件事。

洪　燕:

赵老师和方老师,作为初中班主任的两位,学生很喜欢和你们谈心。请问,面对这个问题,你们会给出什么样的建议呢?

赵词慧:

对昨日进行总结。比成绩更重要的永远是成长。在假期开始之时,可以对孩子上一阶段的生活学习,用坐标的形式进行回顾与总结,例如成长纪念册、思维图等,可以是上学期最努力的瞬间,可以是全家一次出游。家长剪裁照片,孩子添加描述,一起添加感悟,在共同的回顾中,我们更容易看到孩子的成长,孩子也能发现自己努力的方向,更重要的是,给孩子的成长留下痕迹。

对明日的前行进行规划。孩子的假期,离不开的应该是玩和学。首先是玩,长时间学习,当然需要休息的时刻。家长可以给孩子更多自主的空间,也可以加入一些自主的安排。但应与孩子约法三章,玩的前提是健康、安全。比如电子产品,过度就会损害自己的健康,比如和同学结伴外出,没有告知父母就没有做到安全出行等,让孩子明白,怎样的玩是合理的。

其次是学。为何寒假还要学?首先是因为学习是没有停下的时候的,任何时刻,解决未知就是在学习。学什么?有知识,有生活中的技能,还有兴趣,没有学习的生活是枯燥的,可以和孩子约定孩子喜欢的事,必须完成的事列入计划。比如,孩子寒假想学学尤克里里,必须完成学校的作业,家长可以共同探讨计划的合理性,帮助孩子学会规划生活,寻找兴趣。

当然,假期别忘记难得的亲子时光。上学时每天忙忙碌碌,难得过年团聚,家长和孩子都应好好珍惜。家长可以提出几件事请孩子陪同完成,孩子也可以提几件事请家长陪同完成,家长希望孩子做的,比如阅读、家务,都可以共同完成的形式进行,类似于愿望清单的形式,也可以让家庭更融洽,为下一阶段一家人的共同努力打好基础。

方文琳:

坚持一个学习小习惯。作业是必不可少的,在假期中,不能因过度放松而丢掉在学校辛辛苦苦一学期养成的良好学习习惯。针对初中的学生,可以给学生制定"让梦想照进现实——假期生活记录手册",合理安排各科作业,并且完成本人的"每日三省",也可以设置"父母寄语"一栏,让家长参与到孩子的暑假生活中。

培养一个生活小技能。假期多提升孩子的生活技能,孩子的未来一定更有魅力。比如学会处理衣物,如何清理、如何晾晒、如何折叠;比如学会照顾花草和小动物,培养爱心;比如学会做饭,让自己吃饱又吃好;再比如发展一些人际交往能力或者兴趣爱好的技能,丰富生活体验。

感受一份生活小美好。寒假正值春节,传统节日也是我们优秀传统文化的一部分,可以多带孩子去感受节日氛围,参加一些节日活动,比如蒸年糕包饺子活动、文化庙会、文艺汇演、灯谜有奖竞猜、晒家风家训等等。同时,也要坚持科学锻炼,让孩子的春节更充实、更有规律。

洪　燕:

付老师,作为初中学生处主任,能跟大家介绍一些具体的做法吗?

付　辉:

放假总是令人兴奋的,但是,有规律的生活一经打破,如果没有合理的规划,难免感到空虚而无所适从。我从规划假期生活的角度来谈谈这个问题。

首先,合理作息,学业摆中间。每个小朋友在休业式当天,都会迎来假期第一份大礼——作业单。建议家长和孩子一起制订计划,合理安排作业时间及作业量,避免开学前发起"总攻"而战况不佳。

其次,健康娱乐的生活方式让自己的假期锦上添花。平常学业繁重,很多孩子将兴趣爱好搁置一边,久受冷落的吉他、钢琴和画笔可以重拾起来。

切莫如此虚度:常记假期前后,昏睡不知日暮。兴尽晚熬夜,误入游戏深处。闯关,闯关,惊起一家关注。

最后,充分享受难得的亲子时光。疫情期间,隔离、网课……人们承受太多,也更懂珍惜。假期恰是增进亲子关系的最好时期,徒步、爬山、打球、跑步,运动中释放不快,增强体能,愉悦身心,过一个健康的假期;参观博物馆、科技馆、美术馆……陶冶情操,增长见闻,过一个高雅的假期;除尘、贴福、洗衣、拖地……一起居家劳动,过一个勤劳的假期。

生活中智慧的父母太多,相信每个人的假期计划各有亮点。

成长贴士

假期对于学生而言,是一段相对较长的闲暇时光,是属于学生的,可以自由支配的时光。

庞桂美在《闲暇教育论》中指出闲暇活动对人的发展有一定的积极作用,其对人的发展价值,取决于闲暇活动的丰富性质,有意义的闲暇活动能恢复身心,激发创造力,提升审美意识和审美能力,增长知识和开发智力,等等。

家庭闲暇教育可以从以下几方面入手:①引导学生学会选择对自己发展有意义的闲暇活动;②为孩子提供广阔的空间、良好的条件和展示的机会;③给予一定的指导;④和孩子一起制定家庭休闲活动方案。

适当的家庭闲暇教育,对于孩子而言是非常有必要的。

如何缓解"开学焦虑症"，
及早进入开学状态？

过年，最开心的永远是孩子，只管吃喝玩乐，拿压岁包。可眼看着就要开学，还是静不下心来，甚至一提开学就"蔫"了。部分孩子还会出现情绪低落、心慌意乱、无缘无故发脾气、注意力不集中、记忆力减退等现象。

这就是所谓的"开学焦虑症"，多集中在性格内向的孩子，成绩优异、追求完美的孩子和适应能力较差、处理人际关系能力较弱的孩子也是"开学焦虑症"的常见易发群体。

孩子们春节期间处于高度兴奋状态，对即将开始的学校学习生活会产生紧张感，这种感觉一般会持续一周到半个月时间，原因是多方面的，比如因为寒假作业没做完，害怕开学被老师批评等。

面对孩子的"开学焦虑症"，老师和家长应该如何帮助他们利用假期最后一周热身和调整，让他们及早进入开学状态呢？

第一章　远离成长的烦恼

成长论坛

【主持人】

杭州市景成实验学校吴敏丹老师

【嘉　宾】

杭州市明珠实验学校殷音老师

杭州市景成实验学校洪燕老师

杭州市安吉路教育集团新天地实验学校张妈妈

拱墅区心理健康教育研究员罗芳老师

吴敏丹：

殷老师，您是一位资深的初中教师，您在引导孩子们克服开学焦虑症方面有什么好办法吗？

殷　音：

开学前孩子们可能会出现一些生理和心理上的不适。在面临学习和生活环境的变化时，我们首先要做的仍然是让孩子感受和接纳当下。需要提醒家长和学生，此时出现不适感恰恰是身体对我们的提示，这种过程是十分正常的。

其次，提前一周左右逐渐调整生物钟，规律作息，尽量按照上学时间安排学习、吃饭和睡觉的时间段。过年期间饮食不规律，大鱼大肉吃得多，在开学前，家长们可以合理搭配孩子的饮食，做到蔬菜、水果和粗粮均衡摄入。气温转暖，孩子们的体育锻炼和有氧运动也要恢复常态，唤醒身体，迎接新学期的学习。

再有，我们可以给开学一些仪式感。准备开学用品，购买新玩具，给新的笔记本、错题本做好标记和装饰，对于孩子来说是很有意思的事情，也表达着他们对新阶段的期待。家长可以带孩子一起去文具店和书店逛一逛，共同整理新学期用品。

我们还可以指导孩子制订新学期的学习计划。做好心理调适，抱着乐观的态度回顾寒假的收获,对自己多说欣赏的话。同时老师和家长可引导孩子思考:寒假中学会了哪些知识技能(不局限于文化学习方面)？迎接开学我做了哪些准备？新学期目标是什么？我有何优势？我将如何努力？老师和家长也可通过与孩子的交流,在新学期予以更有针对性的帮助和支持。

吴敏丹:

洪老师,您之前给孩子们的肖像画成绩单,然后又升级肖像画英雄卡,孩子们带着这样的成绩单过假期肯定很开心,那您在缓解孩子"开学焦虑症"方面有什么特别的方法吗？

洪　燕:

所谓焦虑,更多的是对未来生活的害怕。由于开学上学与放假生活的落差,会导致某些学生产生一定的"焦虑",消除焦虑最好的办法是行动。

首先,完成一件简单的任务。如果是寒假作业还没有完成的孩子,可以从最简单的作业开始,慢慢开始适应学习的氛围,在完成任务的同时进一步体验成功的乐趣。寒假作业已经完成的孩子,可以从简单的复查任务开始,看看自己的作业是否都完成了,在复查的过程中加深成就感。

其次,做一件有仪式感的小事。可以是整理书架,可以是买一些新文具,可以是养一些花,可以是卸载手机中的游戏,感受新学期新气象,尝试着让自己的内心充满期待。

最后,要放下完美主义。焦虑的一部分原因是害怕做不好。要么是怕开学老师查作业,要么是怕适应不了开学生活。但实际上想拥有完美的结果,反而会让人不自觉地逃避。放下对结果的期待,放下对之前的懊悔,从现在开始行动,慢慢地适应,慢慢地度过"过渡期"。

吴敏丹:

张妈妈,您是今天论坛的家长代表,我了解到您的孩子全面发展,亲子关系和谐,您能跟大家介绍一些您在缓解孩子"开学焦虑症"方面的具体做法吗？

张妈妈:

假期就要过去了,家长会发现孩子原本轻松欢快的小脸蛋有时候会眉头紧锁,睡觉前还会来一声轻叹:"唉,又是一天过去了。"没错,这就是"开学焦虑症"。"开学焦虑症"类似于我们通常所说的"假期综合征",休息过一段较长的时间,生活节奏和作息都发生了很大的变化,心理容易倦怠,加上对于未来生活的不确定,对于学习的紧张和压力,很多孩子会产生害怕上学的情绪。作为家长,我觉得应该从以下几个方面帮助孩子度过这一阶段。

首先,家长应该向孩子表达对这种情绪的理解。要和孩子多交谈,了解孩子到底是因为什么感到焦虑,是作业没有完成,还是对开学后的学习感到压力大,或是对于跟同学的相处有困惑的地方。根据每个孩子的不同情况,家长尽量多些开解和督促,少些责怪。

其次,家长要帮孩子调整好作息和饮食。假期的放松不仅打乱了孩子的作息,同时也会影响他们的正常饮食规律,家长应提前一周左右的时间,让孩子尽量恢复到学校的作息和餐饮时间。

再次,家长应根据自己孩子的不同情况,让他制定开学前每天的学习内容,包括复习、预习,充分做好开学的学习准备,更有信心地去迎接新的学期。

吴敏丹:

罗老师,您是心理健康教育方面的专家,在学生心理干预、家庭教育指导方面有非常丰富的经验,您认为作为家长和学生应该怎样缓解"开学焦虑症"呢?

罗　芳:

开学焦虑并非学生专利,在老师和家长群体中也广泛存在。主要是当从假期生活节奏骤然改变成紧张、繁重的学习生活,面对即将到来的快节奏,人体会感到不安和不适应,会产生紧张感和焦虑。

所以当我们有一定程度的心浮气躁、心神不宁、寝食不安时,表明我们已经在积极应对即将到来的生活了!因为只有当我们认真思虑生活、考量自己能力,在我们心中才会产生不确定感、未知感啊,才会心生恐慌和不安!

所以请同学们先赞扬一下自己:面对新篇章,我们已经迈出第一步!接下来,让我们这颗勇敢之心继续向前!

首先,请调节生物钟,制定合理的起床和睡觉时间。所谓合理,不是一定按照上学期间的起床和睡觉时间而定,是依据假期里你之前的时间而定。如果之前是晚睡晚起,请适当提前;如果是早睡早起,请继续保持;如果晚睡早起,请适当补觉。

其次,梳理作业完成情况,制定每天学习小目标。如果尚有大量作业要做,请勿慌勿躁。请仔细查看作业的难易和完成方式。如果信心很足,不妨从难度大的作业开始,每天穿插完成一些难度低的作业;如果信心不足,不妨从难度低的作业开始,每天穿插一些难度大的作业。

第三,适当与同学交流假期生活。有时类似的生活会让人多一分确定感。

第四,可购买自己喜欢的新文具,转移注意力,愉悦心情。

第五,适当运动。

成长贴士

"开学焦虑症"是很常见的心理现象,多集中于年龄13岁至14岁的性格比较内向的学生,而且女生以4:1的比例多于男生。成绩优异、追求完美的学生和适应能力、处理人际关系能力较差的学生是"开学焦虑症"的易发群体。

开学恐惧症的主要症状是情绪低落、心慌意乱、无缘无故发脾气、浑身疲劳、注意力不集中、记忆力减退、失眠等,有的还有头痛、胃痛等身体不适症状。

在开学前后,我们应该关注孩子身上出现的这些现象,引导孩子循序渐进地适应学校的开学生活。通常情况下,"开学焦虑症"并不是严重的心理障碍,经过适当的调节和适应很快会消失。让我们坦然面对,一起陪伴孩子走过每一段路……

孩子不自信，我们该怎么办？

　　小Z同学是位乖巧可爱的学生，学习成绩在班里中等偏上。小Z经常在各种检测前对妈妈说："这一次考试我肯定又达不到优秀。"有时还会拍着自己的脑袋嘀咕着自己是不是很笨。面对小Z的这个表现，小Z妈妈也总是用话语来鼓励和肯定她的努力和上进，但是这对小Z来说并没有太大的作用，妈妈心里五味杂陈。

　　萧伯纳曾说过："有信心的人，可以化渺小为伟大，化平庸为神奇。"自信本质上是一种内心的力量感，如果孩子缺乏这种力量感，就会产生各种不自信的行为表现。父母都希望自己的孩子自信、乐观，老师亦是如此。当孩子表现出缺乏勇气甚至退缩的时候，父母和老师都会感到焦虑。面对孩子不自信的表现，老师和家长应该如何帮助孩子呢？

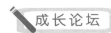
成长论坛

【主持人】

杭州市景成实验学校吴敏丹老师

杭州市青蓝小学陈瑶瑶老师

杭州市青蓝青华实验小学崔琳妮老师

杭州市青蓝青华实验小学李妈妈

杭州市景成实验学校校长曹纺平老师

吴敏丹：

陈老师，您作为班主任，一直在跟小学的孩子打交道，像小Z这样的孩子多吗？您通常用什么方法来增强他们的自信心？

陈瑶瑶：

在做班主任的过程中，的确遇到了很多像小Z这样的同学，遇到问题和困难时往往习惯于退缩和否定自己，寄希望以这种方式来保护自己，归根结底，是缺乏自信的表现。作为家长和老师，我们必须充分认识到自信心在孩子成长阶段的重要作用。

一是要真正做到尊重孩子。认真倾听孩子的心声，尽可能地让他们正视内心的意愿，即使有错误，家长也不要粗暴地制止，而是给出诚恳的建议。

二是试着换位思考。不总是站在自认为正确的角度，把想法强加给孩子，有时候换个角度思考，可能会有意想不到的收获。家长可以试着扮演那个"错误"的角色，让孩子站在正确的角度，来纠正错误，或许更有利于孩子得出正确的结论。

三是赞美带来笃定的力量。充满认可的家庭环境和积极向上的氛围，会给孩子内心带来巨大的力量。孩子的自我评价来自家长及他人的认可和评价，所以在孩子取得成绩时，不吝赞许，在孩子遭受挫折时，积极鼓励。老师和家长阳光的生活姿态，是孩子最好的榜样。

吴敏丹：

崔老师，您是一位年轻班主任老师，在平时的班主任工作中，您在培养孩子自信心方面有什么心得呢？

崔琳妮：

自信心是一种积极的心理品质，是一种促使孩子向上奋进的内部动力，更是一种能使孩子赢得成功的催化剂。

作为老师,我们可以在班级管理中,运用管理智慧创造条件,培养学生的自信心。

一是在参与中培养自信心,我们可以尝试"人人有事做,事事有人做"班级管理实践,以充分发挥孩子的自主性和积极性,让孩子在参与中获得自信心和满足感。

二是在挑战中培养自信心,设立一个个"跳一跳"即可达到的目标,让孩子在认识自我、挑战自我、超越自我中,不断增强信心。

三是在成功中培养自信心,体验到成功的快乐,是树立自信心的最佳途径。一个眼神、一句表扬、一阵掌声、一封表扬信……这些都可以让孩子体验被尊重、被认可、被表扬的感觉,从而增强成就感。

作为老师,我们可以积极创设培养孩子自信心的平台和机会,让学生闪耀自信的光芒。

吴敏丹:

李妈妈,您是今天论坛的家长代表,我了解到您的孩子非常自信阳光,而且全面发展,您能跟大家介绍一些具体的做法吗?

李妈妈:

很多时候我们紧盯着试卷上的分数而忽略了孩子的心态培养,其实一个孩子越没有自信就会越在意别人对他的评价,越渴望得到认可。

认真对待孩子的要求和提问。在孩子眼里,父母是最值得信任和依靠的人。孩子向我们提出了要求或者疑问,就说明孩子需要我们的帮助。而作为父母无论孩子的要求、提问合理与否,都要认真对待,这会让孩子感觉到被重视,他们会更加乐于思考,善于自我肯定。

尊重孩子的意见。孩子在长大的过程中会体现出独立意识,会有自己的想法,父母必要时可以听取孩子的意见,结合自己的经验给孩子提出建议。过于独断专行的父母会让孩子不敢表达,变得自信心不足。

不要拿自己的孩子和"别人家"的孩子比较。我们都有一个共同的对手——"别人家"的孩子,长时间拿别人家的孩子做对比,很容易让孩子产生恐慌心理。这种恐慌来自父母持续不停的念叨,来自对自身差距的认识,也来自父母对自己的不信任。与其做比较,不如反思我们家长的教育方法,真正认识到孩子的进步或退步之处,针对性地教育孩子。

培养孩子的自信心,不是一蹴而就的,需要家庭氛围的熏陶,父母的正确管教。培养自信心要趁早,更要从细节处抓起。

吴敏丹:

曹校长,在办学过程中,您一直倡导"给每个孩子提供机会,让每个孩子走向优秀"的教育理念,您认为作为老师和家长应该怎样从源头上培养孩子的自信心?

曹纺平:

孩子内心的力量感首先来自父母,所以,父母要反思自己是否对孩子充满信心,并且经常向孩子传递这种力量感。不少父母缺少对孩子全面而又客观的认识,时不时拿自家孩子的短处与别人家孩子长处做比较,无形中打击了孩子的自信心。在孩子表现出不自信的时候,那些鼓励的话语自然就是苍白无力了。

除此之外,父母和老师要有意识地引导孩子树立远大的理想,带领孩子着眼未来,放眼世界,培养孩子对学科本身,以及学习过程的兴趣,而不要过于纠结眼前的得与失、胜与败。老师和父母都要建立"付出努力,就一定能实现目标"的成长型思维模式。例如,孩子担忧考试考不好时,可以与孩子一起回顾一下他学到的知识和技能,告诉他学到本领才是最重要的,一次考试成绩不能完全反映学习的成效。

如果孩子真的没有考出自己满意的成绩,父母和老师一定不要责怪孩子。这时候孩子内心一定是失落的、沮丧的,尽管有些孩子会表现出一副满不在乎的样子。我们首先要对孩子的心情表示理解,然后与孩子一起查找具体原因,最后告诉孩子这些漏洞都是可以弥补的,只要弥补了下次就会有进步,将来会越来越好。

成长贴士

心理学家埃里克森的八阶段理论告诉我们,6~12岁的孩子处于的阶段叫作学龄期,表现为勤奋对自卑的冲突。

在学习中如果他们能顺利地完成课程内容,他们就会获得勤奋感,这使他们在今后的任务中充满信心。反之,就会产生不自信的心理。开头案例中的小Z同学正是存在了这一问题。

在这一阶段中,让孩子体会到通过勤奋获得学习中的乐趣显得尤为重要,当孩子的勤奋感大于自卑感时,他们的能力也会得到发展。上述嘉宾观点中所提到的在孩子考试失利时安慰鼓励、停止比较、相信孩子、着眼未来等方法都是很值得一试的。

如何帮助孩子多交朋友，
交上好朋友？

交朋友是人生一件重要的、快乐的事，尤其是少年儿童，在成长过程多交一些朋友，交上几个好朋友，不仅有利于提高他们的社交能力，也有助于促进他们的心理健康。

然而，因为少年儿童的性格不同，生长环境不同，他们交朋友的能力大相径庭。有的成绩一般，却有很多人想和他交朋友；有的成绩优异，却几乎没有要好的朋友；有的想交朋友，但不知道如何交朋友；有的不喜欢交朋友，但又总是感到孤独……

作为老师和家长，关注孩子的同伴交往是非常有必要的。那么，老师和家长认为孩子该交什么样的朋友呢？又如何帮助孩子多交朋友，交上好朋友呢？

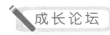
成长论坛

【主持人】

杭州市安吉路教育集团新天地实验学校孙霞飞老师

【嘉　宾】

杭州市安吉路教育集团新天地实验学校毛雪芬老师

杭州市景成实验学校陈美芳老师

杭州市景成实验学校学生家长王妈妈

孙霞飞：

毛老师，您是一位有着30多年经验的资深班主任，关于学生的"同伴交往"这一话题，相信您有很多经验与我们分享。小学阶段，您是如何帮助孩子多交朋友，交上好朋友的呢？

毛雪芬：

心理学家指出："人们总是希望加入某一种群体，并为之所接纳，从而获得归属感。"一个班级就像一个小社会，良好的人际关系和正常的人际交往是每个班级成员的一种心理需要。如何让来自不同家庭，在性格、兴趣、喜好、生活习惯等方面都存在差异的孩子，与同伴建立良好的人际关系，获得集体生活的幸福感呢？作为老师，我经常会给予学生一些帮助，让外力的作用使其与同伴的交往更加顺利。

首先，培养热情大方、礼貌问好的习惯。积极主动的态度最容易开启同伴间的对话，拉近彼此的距离，消除陌生感，这是良好关系建立的起点。

其次，形成互相关心、乐于助人的氛围。在学习和生活中，给予同伴真诚的关心和帮助，更能赢得同伴的好感与信赖，为建立友谊奠定良好的基础。

再次，养成宽容大度、换位思考的品质。同伴间的相处出现问题和矛盾是极为正常的，如果能及时站在对方的角度来理解对方的行为，体会对方的感受，就一定可以让矛盾迎刃而解。这是维系友谊的润滑剂。

最后，塑造诚实守信、谦虚自律的品格。朋友之间一定要坦诚相待，恪守承诺，言而有信，这样才能保持长久的友谊。在交往过程中，要多汲取同伴的优点，取长补短，也要加强自律，不因自身的缺点影响彼此之间的相处，破坏友谊。

孙霞飞：

陈老师,对于中学生的人际交往能力,作为中学班主任老师代表,您可以和我们分享您的观点吗?

陈美芳：

就大人而言,首先,不要局限孩子跟谁交朋友不跟谁交朋友。每个孩子都有自己的特点,有性格、习惯、学习成绩等方面的差异,因为有这些差异,孩子才有了与各种各样的人相处的机会。其次,不要否定孩子身边的朋友,否定孩子的朋友其实就是否定孩子本身。我们与其担心自家的孩子会被别人带坏,还不如培养孩子具备与各种人交朋友的能力。我们要看到其他孩子的优点,即便TA的成绩不好、行为有偏差,都要帮助孩子发现和学习其身上的优点,并且鼓励孩子通过自己的行动帮助对方成为更好的人。因为孩子的成长是动态发展的。

就孩子而言,想与他人之间建立和谐融洽的朋友关系,要尊重别人和我们的不一样,允许别人和我们不一样,接纳别人以他的方式来对待我们。同时,培养自己不受别人态度影响的心态,不管别人是认同我还是否定我,都不影响我对自己价值的肯定。第三,学会感恩别人的同时,力所能及地帮助别人,让自己也成为被感恩的人。

孙霞飞：

今天的论坛,我们也邀请到了一位家长代表参加。王妈妈,听说您的孩子属于慢热型性格,您平时是如何引导、帮助孩子多交朋友的?

王妈妈：

是的,我家孩子属于慢热型性格,一直担心她不会交朋友,交不到好朋友。于是我做了以下尝试:

一是与孩子一起构建美好愿景。上小学前一直和孩子畅想:上小学啦,又可以结交到更多新的朋友了,这是一件多么开心的事啊!孩子听完之后,很期待能够到新的地方结交到新的朋友,和我聊结交新的朋友后也可以和以前的朋友一起玩一起聊天等等。

二是与孩子一起探讨交朋友的方法。怎么样才能交到朋友呢?我会经常提醒她要待人友好,主动分享,帮助别人,尊重每个人的意见,同时要有自己的想法,要忠于自己的内心。如果和小朋友出现分歧时她会主动谦让,等静下来后再讲道理。春秋游时,我也会给她多准备些自己亲手做的美食,让她带去和同学们分享。

三是为孩子交朋友创造环境。给她创造各种交朋友的环境,节假日主动约同学玩或是周边公园逛逛,融入同龄孩子们中去,也可以约上有同龄孩子的朋友同事们一起爬山聚餐。比如我会借孩子生日的契机邀请八九个同学周末一起聚餐,让他们有自由的空间在一起畅聊,增进友情。也会参加公司每年一度的亲子活动,给她创造结交新朋友的机会。

通过以上方法,她在校内校外都有自己的朋友圈子,也有自己最要好朋友。

成长贴士

每个人都希望拥有令人感到友善、温暖、和谐的人际关系。因为具备一定的人际交往能力,可以获得安全感和归属感,这是人的基本心理需要。

良好的人际关系不仅可以稳定情绪,促进学习进步和身心健康发展,更有利于增长见识,开拓更广阔的领域,向更高的目标前进。

从心理咨询和学生的日常生活中不难发现,导致人际关系不良的主要原因有:缺乏正确认知、个体性格问题、缺乏经验技巧等。无论是家长还是学校,都是孩子成长环境中的重要引路人,我们要引导学生做一个有价值的人,得到尊重,在集体中享受友情,使基本的心理需要得到满足。一个人只有在交往中才能充分表现自己,让别人了解自己,并通过他人的积极评价,树立起做人做事的信心;也只有在与他人交往的过程中才会考虑遵守社会准则而不一意孤行,且对自己的言行负责任。

性教育要不要从娃娃抓起？

在今年的"女童保护"全国两会代表委员座谈会上，多位代表委员建议，将儿童防性侵教育纳入必修课。全国政协委员、北京市金诚同达律师事务所创始合伙人律师刘红宇建议，在学校层面建立儿童防性侵教育体系，向未成年人教授相关知识，将相应课程纳入必修课。

随着网络媒体的快速发展，我们也发现未成年人对"爱情"和"性"的好奇已经越来越提前化，大人们管着学习，管着生活，管着孩子身边的同伴，还要管着电子产品里的各种讯息。但关于"爱情"、关于"性"教育一直都是大家举棋不定的话题。

跟孩子过早谈论担心适得其反，反而激起孩子的好奇心；谈论太晚或者不谈论，让孩子们自己去探索，又暗藏危险，更为提心吊胆。

防性侵教育纳入必修课是否有效？到底什么年龄段谈及更合适？作为老师或家长，又该如何有效开展相关教育呢？

成长论坛

【主持人】

杭州市青春中学龚睿佳老师

【嘉　宾】

杭州市安吉路教育集团新天地实验学校厉亮亮老师

杭州市风华中学苏洁老师

杭州市景成实验学校书记赵光雄老师

龚睿佳：

厉老师,您认为性教育进入课堂是否可行？它的可行性又体现在哪里?

厉亮亮：

我认为防性侵犯教育进入课堂是可行的。我们家长和老师有必要让孩子在不同年龄阶段知道什么是性侵犯。低年龄孩子清楚哪些是男女生之间不可以做的事情,小学生懂得哪些是男女生不能轻易触碰的地方,中学生明白哪些又是男女生涉及违法的行为。从小知道差异和规矩,对于孩子的成长有好处。比如初中的孩子们正在青春发育期,对异性十分好奇。在这个节骨眼上,没有一定的性知识教育是不行的。由性生理问题而产生的性心理问题也多始于初中阶段,特别是一些从小被妈妈娇生惯养的男生,在身体性征开始发育时明显缺乏男子汉气概。学生缺乏男性、女性的性格养成教育,也造成了大量性别偏差现象的出现。

我认为学生性疑惑多,学校教育却难跟得上。怎么上、上什么、谁来上,是性教育进课堂面临的普遍困难。为了更多的孩子不走弯路,从小形成男女有别,树立正确的人生成长观,性教育任重而道远!

龚睿佳：

苏老师,您作为一位班主任,结合对于学生日常生活的观察,您觉得我国的性教育目前都存在哪些问题?

苏　洁：

性教育纳入必修课是必要的。孩子在成长过程中，一直在回答"我是谁?"这个问题。而对自己的性别的认识、对异性的认识、对自己的性保护、与异性交往的方式等等，是答案的重要组成部分。

然而，目前我国的性教育现状却存在两个矛盾，一是学生对青春期性知识的渴望与性教育供给不足的矛盾，二是国家政策高度重视和学校与家庭落实不力之间的矛盾。这两个矛盾体现在校园生活的诸多细节里：

学生读到"恋爱"相关话题的文章时，都露出不好意思的笑容；

学生不能与老师和家长正面谈论与"性"有关的话题，他们认为这是"大人的事情"，如果他们讨论，会影响学习，被别人认为是不正经的人；

碰到"早恋问题"，学生、老师和家长往往都很警惕，将其视为一种不光明的、错误的行为，很少有相关的辅导和教育；

学生关于恋爱和性的知识大多数来自文学作品、电视剧、电影等等，其内容有相当的戏剧性和一定的极端性，对未形成健康稳定三观的学生来说，冲击和负面影响是巨大的……

作为一个一线班主任，我也曾认识到性教育的重要性。但是性教育的开展却举步维艰，其中一个很重要的原因是教师本身没有经受过良好系统的性教育，所以无法专业而自信地开展性教育专题课。我认为，如果性教育要在课堂中真实发生，学生就需要一套系统的、容易为各个年龄阶段的孩子所接受的课程，需要一群接受过专业训练的教师来开展性教育。希望在不久的将来，学生能够像上美术、音乐课一样去上性教育课，在认识自我和与他人交往方面交出更完整、更好的答卷。

龚睿佳：

赵书记，您觉得性教育从什么时候开始最合适？作为九年一贯制学校的校领导，您觉得不同年龄段的性教育又该有怎样的侧重呢？

赵光雄：

我的态度很鲜明：性教育要从娃娃抓起。孩子在很小的时候，就会问父母："我来自哪里?"羞于启齿或不知道怎么回答的父母会开着玩笑回答："捡来的。"这个答案绕晕了无数的中国孩子，严重的甚至导致孩子出现了精神疾病。

在我国历史上,东汉把性教育作为贵族子弟学校的必修课,并提出一个观点:"父亲不能教自己的儿子,这样轻慢且不严肃。"可惜在后面的朝代中,性教育只有在结婚前夕才会进行,于是慢慢演变成了成人话题,对于未成年人的性教育就遮遮掩掩,成为禁忌话题,谁讲就是谁不正经。

国外对未成年人的性教育就正规多了。英国政府通过法律规定,必须对五岁的儿童开始进行强制性性教育。荷兰孩子6岁进小学时就已开始接受性教育,孩子们还可以自己做研究报告,甚至会在餐桌上和父母讨论这方面的话题。

教育专家们认为,对青少年甚至儿童开展早期性教育,可以帮助青少年知道如何保护自己。当青少年进入青春期之后,在性激素的刺激下,在生理和心理上都会出现明显的激进型倾向,如果在这之前没有接受足够的性知识,就会要么去偷偷摸摸看"黄书、黄碟",要么产生恐惧心理,要么在欲望的支配下铤而走险。

在浙教版"科学"学科中,青春期健康的内容安排在七年级(13周岁左右),在目前营养不缺的条件下,城市的孩子,青春期已经提前到小学五六年级,也就是说,在课程安排中,对青少年系统的性教育偏晚。我的观点是性教育应该分年龄段,开展侧重点不一样的长期教育、过程性教育,教育的主体应该是老师。

在幼儿园阶段,要培养孩子的性别意识,要坚持男女分别如厕,男女衣着要差别明显,培育"男女有别"的观点(男孩该如何如何、女孩该如何如何)。

在小学低段,要培养孩子保护隐私的意识,凡是内衣遮盖的地方,不能让陌生人去触摸,如果发生了类似事件,应该告诉父母和老师。

在小学中高段,要让学生知晓,男女之间身体的区别、月经和怀孕的原理等等,要有意识开展婚恋态度教育(将来要找怎样的妻子或丈夫)。

到了中学,在进行生理卫生方面的教育的同时,学校或者老师,要主动涉入"早恋""性行为"等敏感话题,通过重视责任意识教育,开展人生规划以及情绪控制方面的教育,对性行为不能再用暗示或隐喻等方式去描述,要让学生清楚未成年的性行为、未婚产子对自己身心的伤害,相信学生在理清利弊的情况下,能够顺利地度过青春期。

成长贴士

"女童保护"创始人孙雪梅在给青春期学生讲授"拥抱青春期"性教育课程时,面对不同的声音曾讲过这样一句话:"你觉得性教育太早,但是坏人不会。"

我们总是谈"性"色变,可是"性教育"涉及的不只是生理卫生方面,它还应当涉及青春期情感教育、防性侵安全教育等自我保护和心理健康方面的内容。而这些本就早已渗透在我们的日常工作中。或许"性教育"在现阶段还不够完善,但并不可以否认它存在的意义,它不只是一个敏感话题的教育,更是自我认识和责任意识的教育。

如果我们阻止不了孩子们的自我探索,不如给他一个积极的路径,引导他正确探索。

成长话题

如何培养孩子做家务的好习惯？

关于家务劳动，我们先来听听几位家长的心声：

"你还小，别捣乱了，我来我来！"

"每天吃饭要家长盛，书桌也要家长收拾。他自己能穿衣服、洗漱我就知足了。"

"我们家孩子宁愿闲着也不愿意帮忙承担力所能及的家务活。早上起床后不整理床铺，吃完饭不刷碗，家里垃圾桶满了也不管。"

"平时孩子奔波在去上各种兴趣班的路上，有时中饭都是在车上匆匆解决的，回家后又是各种作业、阅读、体育锻炼，哪有时间做家务啊！就算有时间，我也不忍心，还是让她多休息休息。"

这样的情景是否似曾相识？生活中，"家长不让劳动""孩子不愿意劳动""孩子不会劳动""孩子没时间劳动"的现象普遍存在。其实，生活即教育，让孩子参与家务劳动，是孩子获得生活体验和技能的良好契机，也是孩子增强责任感的重要载体。

我们应如何抓住契机，用好载体，培养孩子做家务的好习惯呢？

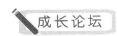

【主持人】

杭州市青蓝青华实验小学崔琳妮老师

【嘉　宾】

杭州市东园小学沈熠老师

杭州市景成实验学校赵词慧老师

杭州市青蓝青华实验王妈妈

杭州市现代实验小学校长张刚老师

崔琳妮：

沈老师，您今年担任一年级的班主任，都说劳动习惯应从娃娃抓起，培养孩子做家务的好习惯，您有什么建议？

沈　熠：

确实，家长不愿让孩子做家务，也是从时间、效率的角度去考虑的。我采访过几位家长，他们表示也有心让孩子学习劳动，学会扫地、擦窗等基本的劳动技能，但孩子做起来可能需要一个时间段，做得不好，需要家长提点，家长自己工作一忙，失去耐心，时间又紧张，觉得还不如直接自己干来得快。还有的家庭，因为隔代的原因，也是心有余而力不足。所以，从家长角度来说，下定决心、多花时间、排除万难也是培养孩子劳动技能的一个前提。

此外，假期相对平时时间上也宽裕很多。所以家长可以和孩子一起制订一个可以实施下去的可行的劳动计划。年龄小的孩子，可以把计划设计成游戏进阶的形式，可能的话，全家人和孩子一起参与，激发孩子的积极性，鼓励他感受劳动的成就感。此外，家长需要足够的耐心，陪伴孩子，指点孩子掌握一般的劳动技能，学会之后要多放手，有些家长不放心孩子是否做到位，总是持怀疑态度，也会让孩子失去积极性。

崔琳妮：

赵老师，您是如何看待"家长不让劳动""孩子不愿意劳动"等现象？您在培养孩子劳动意识方面有什么心得?

赵词慧:

首先家长应充分认识到劳动教育的价值,德智体美劳全面发展,"劳"是其中重要的一环。劳动教育的价值在于,学生通过劳动用自己的身体去丈量和认知世界,感受到劳动创造的价值,从小尊重劳动者,培养鉴赏美的能力,树立劳动创造价值的意识。家长应该认识到,孩子认识世界的方式绝不只有学习,孩子认知世界的水平是需要通过实践不断提升的,不要因为孩子做不好而不让他做。

要做好劳动教育,首先应该确立安全范围,哪些家务可以做,哪些事情有危险,比如下田种植,家长可以先行示范,告知哪里有危险。可以在假期确立孩子力所能及的家务清单并附上安全提示。

其次,不应将劳动教育和家务对等,应不断拓宽劳动教育的范围。比如生活范围的劳动教育,如家务;生产方面的劳动教育,如采摘水果,种植;服务性的劳动教育,如陪家中老人聊聊天,参与社区社会实践,公益服务等。

最后,应对孩子的劳动教育过程予以指导和评价,比较简单的可以是列表孩子假期完成的内容,完成程度,完成评价,既要给予科学的评估,也要给予一定的鼓励和奖励。帮助孩子提高参与劳动的积极性,通过参与劳动提升自己的综合素养。

崔琳妮:

王妈妈,您是今天论坛的家长代表,我了解到小王同学从小就拥有良好的劳动习惯,更是学校的"劳动小达人",您在培养孩子做家务的习惯方面有什么心得呢?

王妈妈:

对我们家长而言,想要对孩子开展劳动教育的话,就要从日常的小习惯抓起。我觉得家长要有意识地从小让孩子做力所能及的事情,比如:让孩子学会收纳自己的玩具;用餐时,让孩子帮忙摆放餐具或是小物品……这样孩子就能渐渐养成劳动的习惯。

我觉得家长和孩子一起参与劳动很重要。拿家务来说,家长和孩子一边做家务,一边聊家常,既能增进亲子关系,在不知不觉中又能培养孩子爱劳动的好习惯,增强孩子作为家庭成员的责任感,可谓是一举两得的事情。

当然,家务有很多种,就看家长如何选择性地分配给孩子了,各个年龄段孩子的能力不同,我们家长的目标定位要清晰。在孩子在做家务的时候,家长也要智慧地引导和大力地表扬,不能觉得孩子做得不到位,就立刻否定。不妨制定一个做家务的奖励制度,让孩子承担几项家务,坚持下来能获得肯定,把参与做家务当作每日的锻炼一样,让它成为学习之余的另外一种收获!

崔琳妮:

张校长,杭州市现代实验小学注重学生的劳动教育,引导孩子们积极有趣地参与家务劳动、校园劳动、基地劳动,最大限度地激发学生劳动的内在需求和动力,您能跟大家介绍一些具体的做法吗?

张　刚:

杭州市现代实验小学根据学生身心发展实际,通过丰富活动内涵,创新活动载体,开发校本活动课程等途径,进行劳动教育。

开展劳动教育,家长首先要认识到劳动教育不是独立的教育形式,只有将其贯穿家庭、学校、社会各方面,纳入孩子学习、生活的全过程,才能发挥劳动教育树德、增智、强体、育美的综合育人价值。如在线上学习期间,为帮助孩子们养成居家整理的好习惯,学校通过雏鹰争章载体开展了"21天养成一个好习惯"的主题争章活动。开学复课后,孩子们养成的劳动习惯,助力他们忙而不乱。每天看着干净整洁的生活环境,孩子们体会到了劳动带来的成就感和认同感,从而变得更加自信、更有责任感。

其次,家庭劳动更提倡开展脑力与体力相结合的劳动,要尊重学生的自主性,激发内驱力,让学生在家庭劳动实践中有自我价值选择、自我生长发展的动力。如学校曾在五一假期推出了"小鬼当家我能行"的主题实践活动。鼓励孩子们积极参与家庭一日生活的规划,感受父母的辛苦付出,培养主动参与劳动的意识。

最后,在家庭劳动中要努力引导孩子形成良好的劳动习惯和正确的劳动价值观,在实践中引导学生发现、分析、解决问题,培养劳动创造美好生活的新能力。让孩子们在劳动中发现美好,在劳动中获得成长,让孩子们在劳动中感受到生命的力量。

劳动创造美好生活,苏联教育家马卡连柯曾指出:劳动永远是人类生活的基础,是创造人类文化幸福的基础。新时代赋予了劳动教育新要求与新价值。开展劳动教育更是培育和践行核心价值观的有效途径,也是传承中华优秀传统的重要形式,更是实现全面育人目标的长效措施。

从小培养孩子良好的劳动习惯和劳动意识,当做家务变成一种习惯,顺手就做的时候,"孩子不愿意动""孩子不会劳动""孩子没时间劳动"的情况自然也就不存在了。

当然,劳动不仅可以培养孩子的自立能力,非常重要的是还能培养孩子的感恩之情。因为他们感受到劳动的辛苦,才会对日复一日为他们付出这些劳动的父母产生体贴之情,为家庭做一些力所能及的事能培养一个孩子的责任心,增加家庭的温情。

"刺头"孩子，我该拿你怎么办？

小A是个成绩很好，但也经常让老师头疼的孩子。小A的妈妈从小教育孩子不能欺负人，但如果有人欺负你，你一定要狠狠地还击，不要怕惹事，出事妈妈会担着。所以，小A与同学有时候会发生冲突，因为个子高力气大，学过跆拳道，一出手就是一件"大事"。

三、四年级后，对于老师的要求不会听从，比如老师要求他认真听讲，不能在课内看课外书，他置之不理，老师给出惩罚措施请他起立，也不理会。家长跟孩子讲了也没有什么用，久而久之，小A成了班里的"刺头"学生。

针对这样的"刺头"学生，老师应该怎么办呢？家长又应该做出哪些调整呢？

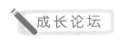成长论坛

【主持人】

杭州市长青小学汪若莹老师

【嘉　宾】

杭州市风华中学苏洁老师

杭州市风帆中学吕爸爸

杭州市东园小学朱爸爸

汪若莹：

苏老师，您是一位年轻的"老班主任"，一直在跟初中的孩子打交道，因为处于青春期，我想这种"刺头"孩子应该也是每个班都有的，您通常用什么方法来处理呢？

苏　洁：

教师可以从家长和孩子两方面做工作。

从家长这个角度来说，家长爱子心切过度，担心他在班级里受欺负、吃亏，背后可能有自己小时候的伤心经历，也可能是对班集体不够信任。对家长，班主任要劝说，请家长相信班级里同学的素养，相信班集体是和谐的，找一天作为班级家长开放日，请这位家长和其他家长一起来教室里坐坐、看看、听听，小朋友们之间的确有摩擦，但都不是故意的、恶意的。卢梭在《爱弥儿》一书中说道，在道德教育方面，只有一条，那就是绝不损害别人。作为班主任，我们要求家长教育孩子，一方面要保护自己不受暴力侵害，另一方面要培养孩子自己解决冲突的能力，避免陷入用暴力解决冲突而助长暴力的恶性循环。

说教对学生来说只是一个提点作用，要改变学生这个习惯是一个长期的过程。第一步，不要让他在集体里丢脸、让他觉得与其他同学不同。他犯了小错，要在班级面前，把他同其他一样犯了错误的同学放在一起批评，并且提出期待，让同学监督他们及早改正。这样，他知道他与同学们是一样的，是一个集体，不会把同学们时时当作会欺负自己的敌人。

第二步，要让他感受到打人的后果。苏霍姆林斯基说："要使孩子们从小就懂得和领会到：他的每一步、每一个行动都会在他身边的人——同志、父母、教师和'陌生者'的精神生活引起反响。只有当他不给别人带来灾难，不欺负和扰乱别人时，才能成为一个生活得平静而幸福的人。"一方面，班主任可以让他为班级去搬新书、帮忙打扫公共区域卫生、替女同学搬椅子桌子等等，劳动使人心平气和，也能使同学对他改观，互相亲近。另一方面，班主任可以叫他和被打的那个同学来办公室，让他亲眼看看他大力拳头下的伤痕和同学的眼泪（原来自己班也有这样一对同学，欺负人的大个子看到同学掉下眼泪，突然一言不发，后面不好意思地道歉了，到现在也没有再欺负同学）。平常日子里，班主任可以开展小剧场等等，演出一些如何与同学相处的剧，让同学们学习如何与他人健康平和地相处。

总之，孩子的心是柔软的、容易改变的，我们做老师的，要让他感到善行结善果的好滋味，不孤立，不放弃，把每一个孩子都团结到集体中来。

汪若莹：

吕爸爸，作为一名男孩的父亲，在孩子的成长过程中，您付出了大量的时间陪伴和教育孩子，那您觉得如果遇到这种情况应该从哪方面入手呢？

吕爸爸：

建议班主任与A母积极沟通。要让孩子母亲深刻意识到自己教导孩子的一些理念是错误的，让其明白如若一味任其发展，毁掉的将不仅是孩子，更有可能是一个家庭，让其在孩子平时的教育中必须先停止前期错误的一些教导。

建议A父引导孩子参加一些集体性的体育运动。针对像A这类精力旺盛，并有一定运动天赋的男孩子，作为父亲可以适当引导其参加一些如足球、篮球等既适合较好身体素质，又需要团体协作的体育项目。一方面合理疏导消耗A充沛的过剩精力，另一方面通过球类项目的趣味性和集体性，让其意识到如果比赛期间一旦因为个人无视规则而被裁判罚下场，将会导致整个球队的刻苦训练和整场比赛前功尽弃，从而让其懂得遵守规则和纪律的重要性，让其懂得通过团结协作获取荣誉的重要性，在运动中激发A内心的一种荣誉感、集体感，从而慢慢改变其长期形成的我行我素、唯我独尊的错误观念。

汪若莹：

同样作为一名小学生的家长，对于这样的孩子，您认为如何理解和面对呢？

朱爸爸：

孩子的成长是一个渐渐懂事的过程。在很小的时候，因为孩子不能分辨所谓的"欺负"和正常的"碰撞"，所以我们会以很简单的逻辑来教育孩子。当孩子逐渐长大和明白事理，再以简单的逻辑来处理人和事就行不通了。

首先，要让孩子学会分辨正常的交流和恶意的欺负。不能把善意的批评或是玩笑，错误地理解为欺负。小朋友们正处在活泼好动的年龄，平时交流中类似玩笑的碰撞偶尔会发生。对于此类事件，我们应该友好地对待，学会宽容。如果因为误解而"还击"，也许你就会失去这个朋友。如果是真的恶意的欺负（校园霸凌），我们在学会保护自己的同时，也应该还击，然后事后应该向学校和老师报告。

其次，应该让孩子学会如何与别人相处。小朋友不能永远活在自己的世界里，要逐渐学会去融入周围的人和事中。去交几个好朋友，看看别的小朋友怎么做，学着别的小朋友去做，会让你的世界更加丰富多彩。

最后，要让孩子明白纪律的重要性。没有规矩，不成方圆。学校规定的纪律，归根结底是为了让大家更好地学习和成长。特立独行会让自己显得和整个集体格格不入，也会影响自己的学习和交友。班级就是一个家，和大家一起遵守纪律，不仅利己，也同样利人。同时，老师适当的表扬也能让小朋友更容易、更有动力去改正自己的错误。

成长贴士

道德发展六阶段理论告诉我们，6～12岁的孩子需要发展和同伴建立良好关系的能力，发展道德性和价值判断的态度。

这一时期他们形成的认知甚至会影响终身，因此在这一阶段，儿童需要学会与他人正确交往沟通，不能仅仅只在学业上有所要求。

不幸的人用一生治愈童年，幸运的人用童年治愈一生。在这一阶段中，让儿童分析事情，判断事情，形成自己的价值观和独立人格非常重要。

下课十分钟可以怎么玩？

下课铃声一响，孩子们就箭步冲了出去，一转眼就跑到小花园去玩了。一会儿挖土，一会儿折树枝，一会儿打闹，十分钟很快就过去了。如果是夏天，随着上课铃声响起，教室里就多了几个满头大汗的小朋友，着急地拿出书本，都来不及做课前准备……有时，还会因为过度打闹导致小朋友擦伤、碰伤。

孩子天性爱玩，学了40分钟之后就更想要玩耍，课间十分钟很难做到有序安静地休息，或者自觉做好课前准备。那么，如何安排好下课这十分钟，让孩子们既能放松，又能不影响下节课，还能受孩子喜欢？

成长论坛

【主持人】

杭州市景成实验学校洪燕老师

【嘉　宾】

杭州市胜蓝实验小学王玉琴老师

杭州市青蓝小学丁雨老师

杭州市景成实验学校朱劲松老师

洪　燕：

王老师,您的教育理念是引领学生去经历一段幸福与快乐如影随形的奇妙之旅。那么,关于课间十分钟,你有什么具体措施吗?

王玉琴：

课间十分钟是孩子们经历40分钟紧张专注听课写作业之后休息的时间,这十分钟该如何安排,是值得我们做老师的探究的问题。

第一,作为任课老师,我们应该做到不拖堂,不变相占用孩子这课间十分钟的时间。当我们每个任课老师能准时准点下课的时候,我们的孩子幸福感瞬间就爆棚了。

第二,课间休息,首先要做的就是为下节课做必要的准备,上厕所、喝喝水、准备下一节课上课需要的资料,比如美术课就需要把彩笔等准备好,书法课就需要把毛毡铺好,毛笔、墨水准备到位,这样就能使下一节课能顺利准时地上课了。

第三,课间十分钟最重要的是让孩子的眼睛休息一下。眼睛的重要性不言而喻。我们胜蓝实验小学就有针对快乐课间十分钟开展的"课间一平方米"活动,让每一个学生都走出教室,在脚下的一平方米的位置上边健身边远眺,一、二年级的原地提踵、宽距半蹲;三到六年级的靠墙静蹲、靠墙俯卧撑,这样的护眼健身活动配上学生喜欢的音乐,深受孩子的欢迎。

第四,一张一弛,文武之道。适当的放松有助于下节课更好地学习,学习也要讲究一张一弛。但放松要注意度,剧烈的运动会影响到孩子下节课的学习。课间十分钟可以组织孩子在走廊上聊聊天,或玩石头剪刀布、挑花绳等孩子们喜欢的小型的游戏。

洪 燕:

丁老师,您创编了一首《课间123》,孩子们都很喜欢,您能和我们分享一下吗?

丁 雨:

课间十分钟,于孩子而言,是放松和玩乐的欢乐时光,也是和同伴倾诉烦恼、分享趣事的培养友谊时间。因此,我们教师固然知道课间的意义远不止于此,可我们首先要做的就是和孩子站在一起,支持他们课间多放松与交友。

如何有趣味性地引导孩子们有序开展课间活动呢? 我想到了电影《音乐之声》,面对调皮的孩子们,玛丽亚借助歌曲,和孩子们一起玩乐,取得了孩子们的信任和喜爱。那我们是不是也可以学习这种边唱歌边活动的戏剧性方式呢? 我尝试着改编了《Do Re Mi》这首歌的歌词。把课间需要做的事融入歌词,这样,孩子们就能边唱边有序活动了:

课间123

课间十分开始了!

先做好课前准备,

弯腰捡起小纸片,

起身把课桌对齐。

天热还要多喝水,

喝完走去上厕所。

再到走廊望望远,

欢乐聊天齐放松!

预备铃响我们坐好,

准备上课了!

当然,起初我们肯定要以引领者的身份带着孩子,边唱边完成规定的活动。等孩子们慢慢熟练了,我们教师就可以成为提醒者,提示孩子们有序活动。最后,我们可以成为参与者,和他们一起享受课间时光,做好准备,喝水望远,放松聊天。相信孩子们也会喜欢这样轻松愉快的课间氛围的。

洪　燕:

您是经验丰富的班主任,我了解到您的学生下课井然有序,活动丰富,您能跟大家介绍一些具体的做法吗?

朱劲松:

首先,老师要调整好心态,理解孩子爱玩的天性,这是正常现象,自己不焦虑不生气,心平气和,不带情绪才能解决问题。不要把孩子不能管理好课间活动时间当作他们的态度问题,而应该当作能力的问题。当你把它当作态度问题时,你忍不住要跟他们讲道理,批评他们,甚至惩罚他们。这样是不起作用的,只会破坏师生关系,可能导致孩子的抵触、反感、叛逆的情绪。而把它看作能力问题,你会想,孩子能力弱,有什么办法提升能力?当你真心想帮孩子解决问题时,就能想出办法。

其次,要帮助孩子们解决问题。开班会,看本班级同学课间活动视频,说一说哪些活动是文明有序的,不影响他人的,趁机复习(或建立)课间活动规则。请小朋友们说一说他们的金点子,课间怎么休息才是最好的。说出好主意的,盖上一个章。鼓励他们参与讨论,做好班级小主人。

再者,设计文明有序的课间活动。比如,整个班级分几个小队开展活动。一个小队四五人,选一个队长。根据学生班会课上的讨论结合实际,提供五六种活动方式。比如,纸上涂鸦(在纸上画武器,打斗,男孩喜欢,一边画一边讲),下简单的五子棋,石头剪刀布(赢的走步,最先走到尽头的算赢),小鱼过拱桥(适合女生玩)等等,减少下课追跑打闹,减少安全事故的发生。提供多样化选择,队员参与定规则,有了矛盾指导他们解决,孩子的合作能力也会慢慢提升。

最后,对于那几个玩到不知道上课铃声响起,不知道做课前准备的那几个孩子,要花时间训练他们。首先让队长提醒时间,提早一分钟喊口令:上课了,进教室,做准备! 老师在旁观察,及时指导。坚持一段时间,可以形成习惯。

除此之外,个别特殊生,老师可能要多关注,适度陪练一段时间。

　　庞桂美在《闲暇教育论》一书中指出，学校闲暇教育的目的是培养学生良好的闲暇素质，即"造就占有闲暇时间的主体"。学生在闲暇时间的生活质量与方向，会直接影响到其健康和全面发展。

　　课间作为学生在校可自我支配的时间，时间短，但是学校实施闲暇教育的重要载体。学校可以从闲暇的观念或态度、价值观和行为选择、知识与技能三方面展开教育。学校闲暇教育的实施，有助于学生成为时间的主人，运用所学的方法和技能，更好地进行时间管理。

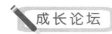

双减之下的学后时光过得怎么样？

近期，国家出台"双减"政策，规定培训机构在双休日、寒暑假、法定节假日等时间里不能开展学科类补习，一时间朋友圈里和家长群里出现一系列"灵魂拷问"：

"那双休日孩子在家干什么呢？"

"原来孩子上补习班，一上就是半天、一天的，上完补习班，在家里完成学校和补习班的作业都有点来不及。现在一下子空了很多，我们家长都不知道该怎么跟孩子相处了。"

"特别是初中的孩子，跟父母沟通少，一下子有了这么多空闲时间，很怕他们把时间都放在手机上。"

这是双减后的第一周，也是双减后的第一个国庆长假，孩子们在这一周的学后时间与长假期间都如何度过自由时间呢？

 成长论坛

【主持人】

杭州市风华中学苏洁老师

【嘉　宾】

杭州市景成实验学校洪燕老师

杭州市景成实验学校方文琳老师

杭州市安吉路教育集团新天地实验学校厉亮亮老师

苏　洁:

洪老师,在我带的班级中,"双减"以后超过90%的同学回家没有作业,更多的是休闲、发展爱好等等,一小部分学生在完成校内作业之余,在家里开展自学、拓展练习和知识整理,家长对孩子这一转变,处于焦虑状态的居多,能提高陪伴质量、转变教育方式的较少。作为一位小学班主任,您是否也感受到了"双减"给学生带来的变化? 在放学后,您认为孩子们该如何度过学后时光呢?

洪　燕:

"双减"政策之后,孩子们拥有了很多的自由时间。这些自由时光该如何利用? 作为家长,如何陪伴孩子度过学后时光呢? 我想可以从两方面入手。

首先,和孩子一起树立正确的观念,了解学后时光。老师、家长和孩子都要认识到自由不代表无所事事,自由也不代表吃喝玩乐。正如《关于进一步减轻义务教育阶段学生作业负担和校外培训负担的意见》中指出的,科学利用课余时间,进行必要的课业学习,从事力所能及的家务劳动,开展适宜的体育锻炼,开展阅读和文艺活动。在这个时间段里,其实我们有很多事可以做。家长可以以自己为榜样,以孩子的偶像为榜样,让孩子感受什么是有意义的闲暇时光。我们可以根据自己孩子的个性特点,年龄特点,和孩子一起探讨这段时间我们可以做什么,你有没有什么特别的心愿。例如,我想拥有高超的球技、我想去看感兴趣的展览、我想用学到的知识去研究一个生活中的小现象等等。和孩子一起探讨自己选择的活动是否合理,是否积极。

其次,和孩子一起进行时间管理,享受亲子时光。我们拥有多少的休息时间比较合理,我们需要多少时间的家务劳动,我们要获得一个自己想要的技能需要多少时间,分配到每一天需要多少时间,等等。家长可以鼓励孩子将每天的学后时间大致记录下来,也可以将自己的闲暇时间记录下来,坐在一起闲聊:今天我都做了些什么? 你呢? 有没有特别棒的体验? 不如我们一起去体验什么活动? 等等。这就是其乐融融的亲子时光了。

总的来说,学后时光应该是自由的。家长要相信孩子能安排好。但孩子毕竟是孩子,家长也可根据自己的人生阅历给予一定的帮助。家长是孩子成长道路的陪伴者,让我们一起见证孩子的成长。

苏 洁:

方老师,"双减"对初中生的影响很大,从"双减"前双休日排满辅导班到"双减"后零学科辅导班,中学生突然面对这种改变,可能会无所适从。您作为中学教师,能不能给家长提一些建议呢?

方文琳:

我认为,最重要的一点是给孩子一些机会,做高质量的陪伴者。高质量的陪伴,不在于时间的长短,而在于陪伴的质量。比如陪伴孩子养成良好的学习习惯,随着"双减"政策的出台,孩子在家独立完成作业的习惯和质量对学习效果的影响会更为突出,家长们要以此为契机,陪伴孩子从他律到自律,养成良好学习习惯。又比如陪伴孩子养成良好的动手能力,家长可以尝试着放手让孩子分担家务,比如洗菜洗碗、打扫卫生、洗衣服等,动手能力强的孩子长大后普遍拥有更强的学习能力和对社会的适应能力。

第二,给孩子一定时间,让他自主去安排。以往的双休日和节假日,孩子们大多"疲于奔命"于各种补习班的浪潮中,时间紧迫,节奏快速,家长们往往会"替"孩子将生活的安排得井然有序。现在孩子有了一定的空余时间,家长们可以尝试着"放手",给孩子时间,让他自己去安排。当然,家长可以提出制定安排的原则和建议,也可以制定"守时小契约"等帮助孩子更合理地制订时间计划并有效遵守和执行。

第三,给孩子一些示范,共享亲子时光。许多家长担心空闲时间增多,孩子会把时间都放在手机上。那何不将之前没有时间安排的体育锻炼、共同阅读、种植花草、野外采风等富有情怀的活动提上日程呢? 这些活动并不是家长下命令让孩子去做,而是身体力行、共同参与。到了周末家长可以和孩子多进行户外锻炼,比如健身走、瑜伽、太极拳等项目,有意识地调整孩子的生活节奏。生活何尝不是学习？从课本走进生活,才有"行走世界"的勇气。

苏　洁：

厉老师您好,从调查来看,家长们对学生"赋闲在家"的状态非常焦虑,也担忧失去了培训班给的刺激,学生会考不上高中,从而决定了学生走下坡路的命运。您对这个问题怎么看呢?

厉亮亮：

我认为,家长要转变教育观念,担任陪伴主角色。陪伴是最好的教育,家长需要给孩子树立榜样。科学规划课余时间,家长要引导学生完成剩余书面作业后做一些力所能及的家务劳动。开展适宜的体育锻炼、亲子运动,增强亲子情感。利用周末或节假日,开展阅读和文艺活动,和同学们多走出去,亲近大自然,参加一些社会公益小队活动等等。

第二,注重孩子兴趣培养,去除"唯分数论"。课余时间,可以适当培养孩子个性化发展,美术、音乐、体育等,不要过分看重孩子的分数,以分数来评判孩子学习的好坏。分数高,皆大欢喜;分数低,就认为孩子的学习出现了重大问题,需要补课。应该把重点放在培养孩子良好的学习习惯上,良好的学习习惯也是决定孩子能走多远的重要因素。

第三,转变职业教育观念,尊重孩子的发展。希望自己的孩子成功是人之常情,但作为父母,把孩子送进所谓的名牌大学并不代表就成功了,要尊重孩子的选择,鼓励孩子理性客观地寻求自己的目标。我想往后,甚至很长一段时间,国家对职业教育的投入将会不断增大,职业教育也会不断规范。所以,家长应该对职业教育的发展有更大的信心。

成长贴士

学生的身心发展具有顺序性,不能揠苗助长。"双减"要减的,正是那些忽略学习过程,通过机械记忆和训练来提高成绩的过重学业负担。在学习中,如果学生持续地只关注结果而不参与过程,只知其然而不知其所以然,会渐渐丧失学习的能力和热情。

同时,学生身心发展具有差异性。差异性主要表现在两方面,一方面是群体和群体的差异,比如不同种类的学习者适合不同的学习风格;另一方面是个体和个体的差异,如不同个体之间发展的速度不同、擅长的方向不同和性格也不同。有些学生对文字感兴趣,有些学生对音乐很敏感,有些学生擅长体育运动;有些学生少年成名,有些学生大器晚成;有些学生是听觉型学习者,有些是视觉型学习者……诸如此类,不一而足。学生的差异性要求教师要充分尊重学生差异,因材施教,也要求家长能够用好课余时光,给孩子创造更多个性化学习的条件。

孩子该不该有自己支配的小金库？

随着社会发展，人们的生活水平不断提高，购物欲望不断增强，同时，由于信息技术不断普及，人们购物的途径也越来越多。未成年人的消费意识和能力也随之发生变化，想拥有一个可以自己自由支配的"小金库"，成了许多未成年人的渴求。然而，有些家长认为孩子不该有"小金库"，孩子有了零用

钱，难防他用在网络游戏等不该用的地方，孩子需要生活和学习用品，家长可以帮助代买。但也有家长认为，孩子是独立的个体，他们应该拥有独立的小空间，让他自主购买自己需要的东西，这样还能从小培养孩子的理财能力。

那么，孩子到底该不该有可以自由支配的"小金库"呢？如果不该有，作为家长或老师如何引导孩子坦然接受？如果应该有，作为家长或老师如何指导孩子妥善管理自己的"小金库"呢？

成长论坛

【主持人】

杭州市风华中学倪梦玮老师

【嘉　宾】

杭州市安吉路教育集团新天地实验学校厉亮亮老师

杭州市风帆中学冯秀平老师

杭州市风华中学应妈妈

倪梦玮：

厉老师,您作为学校德育处副主任,同时也作为两个孩子的父亲,从您的角度来说,您赞同孩子独立拥有自己可以支配的"小金库"吗？如果赞同,您会怎样建议其他家长有效指导孩子妥善管理自己的"小金库"呢？

厉亮亮：

现在人们的生活水平逐步地提高,特别是像生活在城市里的孩子,可以说是生活在蜜里,万千宠爱集于一身。只要是条件允许,没有哪个家长会在孩子的花费上吝啬。可以说是好吃的、好喝的、好玩的基本上每天都充斥于孩子的生活中,大多数孩子的感觉就是"不缺钱"。

所以我认为在合适的年纪,比如进入小学以后,可以让孩子保管自己的"小金库"。同时对他们进行有效干预和指导,教他们怎样合理使用钱财、怎样进行理财,对培养他们的独立性以及将来更好地适应社会,应当不无裨益。当然,金钱的"奖励"与学习成绩无关,千万不要用金钱"买"他们的分数,这种做法有弊无利。

首先,让孩子树立正确的金钱观。孩子自己有零花钱,才能在自己支配和使用的过程中,知道钱的作用。懂得商品有贵贱,金钱也有花完的一天,挣钱不容易等,在潜移默化中树立正确的金钱观。

其次,让孩子将开销一一记账。孩子的零花钱最好定期发放,比如每周发一次,其余时间不再另给零花钱,零花钱的每一次开销都要有账可查。一个月下来,可以和孩子进行一次统计,看总共花掉多少钱,和孩子讨论哪些本来可以不用买,哪些可以节省,借此培养孩子勤俭节约的品质。

再有,让孩子平时参与家政。为了让孩子知道钱来之不易,不妨抽个时间和孩子一起做一个每月的家庭账单,记录一个月来的所有开支。一个月后一家人一起"欣赏"和"研究"账本,让孩子明白,一家人开支不小,体会父母养家的不易。

倪梦玮:

冯老师,您是一位拥有资深经验的班主任,同时也是一对双胞胎小男孩的妈妈,相信您在与孩子以及家长相处交流的过程中积攒了丰富的经验,那么您可以分享一些经验给其他老师和家长吗?

冯秀平:

我认为孩子应该有自己的"小金库",而且得逐步放开扩大其使用的自由度。有一本很多人耳熟能详的畅销书《富爸爸与穷爸爸》这样解释理财能力:"所谓理财能力是指对生活中所拥有的全部财富的认知、获取与应用的能力。"可见,重视并且得法地培养孩子的理财能力,关系到孩子价值观的构建乃至影响孩子的生活幸福。

如何引导孩子妥善处理自己的小金库呢? 相信不同的家庭各有各的妙招。

作为班主任也作为两个小男孩的妈妈,我分享一些自己的小方法:我家孩子小金库的组成部分有二:压岁钱和劳动工资。压岁钱是大额的收入,我用支付利息借贷的方式接管过来,利息一年一付,鼓励孩子自己计算;后来改为带孩子去银行建立单独账户,定期查看。孩子真正可以支配的小金库是他们的家务劳动工资,我们是以星期为单位发放,并且鼓励孩子记账消费。在这种模式下,孩子们非常重视盘点和积累自己的"身家",常常从身边的小金库零存整取放到银行的大金库,在消费上反而不会大手大脚,从小就显得非常理性和克制。

几年下来,孩子们对于"家庭公共支出""应该公账报销""自己私人买单""货比三家""性价比高""淘宝购买与现场购买"这些概念玩得非常成熟。他们为了价廉物美会自然选择延时满足,也懂得了在自己能力范围内适度消费,有时候甚至比我们父母还要节俭。我自以为这都是可喜的进步。

还有个小故事。在孩子们三年级时,学校六一节开放跳蚤市场,大儿子事先收集了许多卡牌的包装盒,拿回家把自己的卡牌重新包装,再到学校去卖,成了那一年度最畅销的货品。他们哥俩的讨价还价能力,在年级里所向披靡,成为他们班的"砍价高手"。

倪梦玮:

我了解到您非常重视孩子的教育与发展,您的孩子也是品学兼优、热心公益的好少年,您作为今天论坛的家长代表,可以介绍一下您在引导孩子过程中一些具体的看法吗?

应妈妈:

我认为孩子可以拥有属于自己的小金库。因为现在这个社会,小朋友除了需要智商和情商,还需要培养"财商",因为他们需要理解金钱的意义。

可以让孩子有一个可以自由支配的小金库。但是金库的存在和他可以支配这件事情,是两件事情。金库是作为储备金存在的,以备不时之需;而自由支配,可以设定一个限值,进行合理开销。

如果家长要指导孩子妥善管理这个小金库,必然是要让孩子知道小金库的资金来源,小金库存在的意义在哪里。不是说放任孩子花钱,而是培养孩子合理花钱和理财的能力。比如引导孩子针对一件他自己想要去做的事情,在财务上做出一个合理安排,有计划才能谈支配。重点是让孩子知道入与出的平衡。另外还可以设置一个一次性消费的最高限额。

至于家长给不给设小金库,一看家庭条件,二看小孩的自制能力。家庭条件较弱的,不给零花钱也没事儿,教会小孩与家庭共同进退也很有必要。

树立正确的金钱观念,对孩子是非常有意义的。无限制地给他钱,不加引导管理,孩子可能会养成浪费的习惯。因为他们的想法简单:反正我父母会不断地给我钱的。家长需要用智慧去引导他,让他自己能管理起自己的小金库。

随着社会的不断进步和发展,孩子从小就要和钱打交道,所以对于孩子"财商"的培养也成为他们人生当中的一节必修课。"财商教育"要从娃娃抓起。

正确引导孩子管理自己的"小金库",实际上也是一个系统的理财教育。培养孩子树立正确的金钱观和衡量对物质取舍的能力,会影响孩子的一生,一定要趁着孩子三观还没有形成的时候,将正确的观念深深地印在他们的心底,这会让他们受益一生。

成长话题

如何引导孩子发现身边的美好?

美,可以滋养生活,滋润心灵。有些美,是用心灵的眼睛才能看到的。记得韩寒曾在一篇文章中说过:那天的阳光是我从未见过的明媚,那是四十度烈日的光芒,却是二十度晚秋的和风,我从未见过这样好的天气。

每个孩子都对这个世界充满了好奇,双减背景下,孩子们也有了更多自由活动和观察身边事物的时间。但孩子观察自然,观察生活,发现各种美好,并激发起探索的欲望,是需要家长和老师引导和培养的。对此,您有什么好的方法吗?

成长论坛

【主持人】

 杭州市景成实验学校洪燕老师

【嘉　宾】

杭州市胜蓝中学王君老师

杭州市景成实验学校杨杉杉老师

杭州市景成实验学校杨妈妈

洪　燕：

王老师，您作为初中学校团委书记兼美术老师，您通常用什么方法来增强学生"发现美"的能力呢？

王　君：

美育培养的能力是一个人的感知力和表现力。作为一名美术老师，我认为首先要尊重孩子们的好奇心，激发他们的想象力，呵护他们敏锐的感知力。课堂上，我希望孩子们学有所乐，学有所思，学有所得。引导他们学会用眼睛发现世界的各种美丽，无论残缺还是完美；学会用身心感受各类艺术作品蕴含的情感美，无论悲伤还是喜悦；学会用自己的语言大胆主动地去评述世间的各种文化现象，无论本土的还是异国的；勇于尝试运用各种工具、材料进行创作，来改善环境与生活，无论小小的创意还是大胆举动。我认为只有拥有了包容、欣赏和创造的能力，才能懂得尊重世界多元文化，才能认识到创新可以改变世界，才能树立公民的责任心和道德感，由此让一个个鲜活生命的内涵不断丰盈。

洪　燕：

杨老师，作为小学美术老师，您的学生对于美术有着浓厚的兴趣，他们的作品也时常获奖。对于这个问题，您能跟大家介绍一些具体的做法吗？

杨杉杉：

"你的气质里，藏着你走过的路，读过的书和爱过的人。"这句话反映到人们对于艺术的表达和理解上也是一样的。那么，我们可以如何寻找美，把握美的诞生呢？

一是收集自然美。我们可以通过手的触摸、眼的观察、耳的倾听、心的感受，去汇集自己对于美的理解。家长可以带着孩子去搜集大自然的痕迹，比如摹印不同树干的纹理再拼成新的树干；阳光下收集植物的影子，欣赏它们的生长线条;用保鲜膜对着美景复刻它的轮廓;给孩子做一个取景框去寻找生活里的春夏秋冬。一起散步,一起郊游,一起看风景,一起分享交流,这种互动其实也是美的本身吧!

二是认识生活美。抓住机会将美渗透到学生的生活环境,学校开展美的艺术活动,让学生在活动中激发情趣,如感受体验劳动美感、合作美感、独立美感、奉献美感等,结合语文学科开展关于美的描写,再通过美术课程转化为美的作品。创设优美环境使美育向纵深发展,组织学生参与建设校园设计与劳动,如标语设计、教室装饰、浇灌守护校园花草、展示劳动成果等。让学生在美的环境中学习,潜移默化地感受美。

三是理解欣赏艺术美。艺术是美的升华,它与人息息相关。艺术家通过概括提炼生活中的丑与悲,转化为供人欣赏的艺术美,这种美有着丰富的人文内涵。从某种方面讲艺术必然有它的美丽之处,而美的东西不都是艺术,所以美的范围更广,艺术包含在美里面。家长可以带着孩子欣赏不同艺术家的艺术作品,引导孩子理解美的多样性及欣赏残缺美,看见美的背后故事。让美在悄然间扎根在孩子心中。

洪　燕:

作为小学生的家长,我了解到您的孩子充满创意,之前和孩子合作的口罩运动会还被多家媒体报道,您能跟大家介绍一下在这个问题上,您是怎么做的吗?

杨妈妈:

首先,不要忽视孩子的每一个想法,仔细听并给她提供所需要的东西和独立的创作空间。女神节前孩子说要给老师准备礼物,让我买了小木棒、包装纸和丝带。给了她一晚上自己的时间去想做什么。等我上课休息时看到她发给我图片,冰墩墩、雪容融、小苹果、动物、花等很多黏土小手工,可可爱爱的。其实我也蛮惊喜,回家后我们一起吹干,插上小木棒包装好,做成了两个花束。她也很开心,既完成了自己想做的,又给喜欢的老师做好了节日礼物。

其次,给孩子营造轻松愉快的相处氛围,当她的玩伴儿,和她一起游戏。让孩子在尽情游戏时,充分展示自己。比如这次玩儿出来的"口罩运动会"，就是和孩子一起商量，一起想创意。我们达成共识马上行动。我抓拍时先找她擅长的动作，鼓励她尝试，做得非常好之后再尝试难一些的动作。整个制作过程，我鼓励她说出自己的想法并给予肯定。孩子玩得很开心，也做出了好的创意作品。这次作品被大家喜欢后，孩子愿意尝试做每一个老师布置的开放性作业，态度也变得特别积极。

最后，善于倾听孩子"不着边际"的话语，学会欣赏孩子的"即兴表演"。当孩子给你讲一些天马行空的事情、认真"创作"的时候，你觉得不切实际、不怎么能看懂时，不要打断她，耐心听完、看完，不打击她的积极性。

成长贴士

张大均在其主编的《教育心理学》一书中指出，个体审美心理的形成和发展是遗传和环境交互作用的结果，表现出年龄特征与个别差异的统一。美育心理的人格培育对于个体良好品德的形成、健全人格的塑造有积极的促进作用。

小学阶段儿童处于审美心理的发展期，具备了初步的审美欣赏能力和一定程度的审美表现甚至创造能力。到了少年时代，进入审美意识的形成期，其审美心理结构有了飞速发展，包括审美感受、审美评价、审美欲望和审美理想在内的审美意识初步形成。

所以，我们需要对不同年龄阶段的学生给予不同的指导。

成长话题

如何培养孩子的独处能力？

2020 年以来，一场又一场突如其来的疫情时不时打破我们平静的生活，给我们的生活、学习和工作都带来了不小的影响和变化。对孩子们来说，由于停课等原因，在家独处的时间多了很多。有些孩子独处时忍不住玩手机、看电视；有些孩子不知道自己可以做些什么，一副无聊和慵懒的样子；有些孩子没有小伙伴一起玩耍，总是缠着爸爸妈妈……

人们往往把交往看作一种能力，却忽略了独处也是一种能力。法国哲学家帕斯卡尔说："几乎我们所有的痛苦，都是来自我们不善于在房间里独处。"疫情是特殊时期，但也让我们发现：是时候培养孩子的独处能力了。

那么，我们该如何培养孩子独处的能力呢？请老师、家长积极发表观点，分享经验。

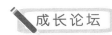 **成长论坛**

【主持人】

杭州市安吉路实验学校徐晶妮老师

【嘉　宾】

杭州市景成实验学校洪燕老师

杭州市安吉路教育集团新天地实验学校蒋妈妈

杭州市安吉路教育集团新天地实验学校孙霞飞老师

徐晶妮：

洪老师，您担任班主任已经十余年了，一直孩子们打交道，你觉得我们该怎样培养孩子的独处能力，让孩子享受独处时光呢？

洪　燕：

一是提供工具，让时间可视化。时光如水，不经意间就从指缝中溜走了。回过头来，发现独处的时间过去了，可我们却把时间花在了手机、电视上，花在了希望别人陪伴上。不妨利用市面上的时间管理工具，为不同性格的孩子选择合适的工具，记录下时间到底去哪儿了。例如喜欢做手账的孩儿们可以选择"时间饼"印章，喜欢玩游戏的孩儿们可以选择各类时间管理App。

二是提供榜样，列举独处行为清单。有些孩子不知道怎么独处，是因为他不知道独处该做什么。让善于独处的孩子，分享自己在独处的时候，做了什么，有什么感受。一个例子，两个例子，三个例子，丰富独处行为清单，为孩子提供更多选择。

三是提供教育，培养孩子的兴趣爱好。兴趣爱好是克服孤独的良药。平时可以鼓励孩子培养一些健康向上的兴趣爱好，例如弹琴、画画、跳舞等等，让孩子能更享受独处的时光，同时还能提升自己。

四是提供机会，创设独处环境。孩子不知道如何独处，还可能是因为没有足够的时间和空间，没有独处的环境。独处的环境是指不被打扰的环境，孩子能做自己,选择自己喜欢的事。在这样的环境中,孩子才会慢慢适应与自己相处。所以我们可以规定一个独处的空间和独处的时间。比如在学校里,可以是利用午休的时间在自己的座位上尝试独处,在家里,可以是某个特定的时间在自己的房间尝试独处。

综上所述,我们甚至可以单独创设一个独处角,里面放置"时间饼"等工具、放置"独处行为"清单供孩子选择使用,让孩子获得独处的成功体验,进而有兴趣进一步尝试独处。

徐晶妮:

蒋妈妈,你们是二胎家庭,姐姐非常优秀,弟弟也非常可爱。你们是如何培养孩子的独处能力的呢?

蒋妈妈:

孩子的独处,不是自闭或者内向,相反,是需要让孩子拥有丰富的内心世界,一个人的精神世界越丰富,留给无聊的空间才会越小。让孩子在独处的时间里做到自律,教会孩子独处是父母赐给孩子最珍贵的礼物。以下是我培养孩子独处能力的几个观点:

一是给足安全感。孩子觉得心里踏实,那种心安的感觉便会慢慢建立起来,当这种积极的体验逐渐积累,那份安全感已经根深蒂固,足以淡化独处时产生的孤独和不安。

二是让孩子自己学会解决问题。我们家长总是低估孩子的潜力,总是担心这个担心那个,很多时候都会选择直接帮助他们。遇到问题时,可以让他先思考,后引导,引导的时候也是做一些小提醒,家长提供的帮助越少越好,孩子才有自己思考并解决问题的机会。

三是多看书,书带给人类的思考是无穷的,人能从书中得益很多。让孩子看书,不一定是与学习相关的书,可以和孩子一起挑选他们感兴趣的书。

四是投其所好,让孩子爱上独处。兴趣是最好的老师,让孩子做感兴趣的事情,他也会爱上独处。疫情期间,我买了很多乐高,孩子一有空就会自己拼搭。

"人生最好的境界是丰富的安静。"疫情当下,正是教会孩子独处,在安静中默默发力的大好时机!

徐晶妮：

孙老师，您是经验丰富的德育工作者，最近又经历了14天隔离期，你对这个话题会不会很有感触？

孙霞飞：

经历过14天隔离期的我，真真切切历练了自己的独处能力，也深切感受到培养独处能力的重要性。以下结合自己的经历，几点独处的小技巧供大家参考一二。

一是共情接纳。面对突如其来的居家网课或居家隔离，告诉孩子不要紧张和气馁，因为这是最快速度恢复正常学习的处理办法，我们应该接受事实，调整好心态；同时要告诉孩子你很理解他的不快乐，因为不能和同伴一起学习一起玩，并表达会陪同孩子积极面对。

二是制订计划。家长正常上班后孩子在家的独处时间就更多了，如果没有计划，除了上网课，其他时间可能就会被孩子虚度。因此，家长可以提前和孩子制定一份生动有趣的作息计划表，在完成既定的任务后，每天都可以有自己支配的自由时光，让孩子做喜欢的事。

三是寻找乐趣。平时忙于学业，在独处的时光里，我们还可以把自己平时没时间玩的玩具、看的书，或是喜欢听的歌、跳的舞……都安排到独处的时光中，沉浸在自己感兴趣的事情中，你会发现时间过得很快。

四是学会倾诉。如果孩子因为长时间独处而感到孤独，可以让孩子自主联系亲戚朋友，和他们打打电话、视频聊天，倾诉是排解孤独感、吸收正能量的最佳方式。

五是适当运动。如果我们突然间被封闭在一个很小的空间，怎能少了运动呢？运动不仅舒活筋骨，还会产生内啡肽使人感到舒服和快乐。因此，可以给孩子下载居家运动小视频，跟着屏幕一起动起来。

成长贴士

古人云："君子慎独。"真正的君子，往往拥有更强的独处能力。叔本华在《人生的智慧》中写道："只有当一个人独处的时候，他才可以完全成为自己。谁要是不热爱独处，那他也就是不热爱自由，因为只有当一个人独处的时候，他才是自由的。"

在客体关系理论中，在三岁前所谓的"内在客体"的形成及它的恒常性，是一个人能否有独处能力的关键。简单说就是我能够独处，是因为我内在有一个安全恒常的稳定客体，即使外在客体的消失或不见，我也能从内在的客体提取安定自己内心的养分。

如果你觉察到自己也没有独处的能力，或是无法靠自己安定自己的心，那么你可以尝试以下几点：一是坦然接纳自己，完善自己，自我支持，自我肯定；二是学会与外面的浮躁和不相干的事情保持距离，寻觅内在力量；三是试着让自己不害怕独处，可以尝试一个人去做某件事；四是让自己沉浸在大自然中。

第二章

探寻成长的秘诀

成长之花的绽放需要爱的土壤，需要理解和尊重的雨露。揆诸当下，不少青少年成长的扉页上都曾经有过被课业挤压的感伤，有过面对升学报班如何选择的困扰；不少父母以爱层层包裹孩子，却给他们的成长带来了过重的压力，甚至是束缚。

成长是一条缓缓流淌的溪流。不知不觉中，我们的孩子就长大了。他们学会了坚强，学会了坦然，同时，也学会了修饰与包装。似水流年，流走的是稚嫩和懵懂，是依赖和彷徨，正如苇岸在《白桦树》中所述，在白桦树的生长历程中，为了利用生长，总是果断地舍弃那些侧枝和旧枝。

成长如此美妙，但是成长绝不是一蹴而就，更不是一帆风顺。幼升小，小升初，公办、民办，面对不同的选择，孩子会困惑，家长也会迷茫，甚至教师也会被裹挟着前行。幼儿期，童年期，少年期，青春期，每个阶段的孩子都有不同的成长任务，也有不同的成长规律。我们希望孩子能更多一点成长的快乐，家长能更多一点陪伴孩子成长的从容的智慧，老师能更多一点指导孩子成长的专业底气。

成功有办法，成长有方法。要想让孩子在成长的道路上少走弯路，甚至领先一步，首先是要找准方向，也就是要坚持正确的教育观，不焦虑，不盲目，不随波逐流。所有的认知都是建立在实践基础之上的，人生所有的美好结果都不会自然发生，他山之石，可以攻玉，听一听别人的建议，了解一下别人走过的路，用过的方法，也许会对你有一些启发，一点触动。希望本章可以升级你的认知，推动你的行动，帮助你成长为你想要的样子。

愿每个孩子都能拥有一片属于自己的自由空间，拥有一个属于自己的隐秘角落；愿每个孩子都能借青春浩荡之气，带着梦想翱翔于九天。孩子在成长，家长和老师也在成长，让我们沿着成长的足迹，亲历成长的过程，探寻成长的秘诀。为成长加冕，为青春赋能。

进入中学,兴趣爱好类的培训班还要继续上吗?

兴趣爱好与学业发展是孩子成长的双翼。学生进入初中后,学习压力增大,有些学生仍坚持上兴趣爱好类培训班,但出现了休息不充足,甚至作业无法按时上交等现象。当兴趣培养与学业发展无法兼顾时,应该如何协调?作为老师或家长,应该怎样帮助孩子?

成长论坛

【主持人】

 杭州市景成实验学校方文琳老师

【嘉　宾】

杭州市风帆中学方钧老师

杭州市景成实验学校杨妈妈

杭州市安吉路教育集团新天地实验学校副校长吴海燕老师

杭州市景成实验学校校长曹纺平老师

方文琳：

方老师，您是初中班主任，在您的班级里，目前还在参加兴趣爱好类特长班的学生多吗？他们在培养兴趣特长和提升学业成绩中会有矛盾和困扰吗？您通常会用哪些方法来帮助他们？

方　钧：

我们班有很多音乐、体育、美术方面有特长的孩子，其中部分孩子已经坚持学习和练习很久，也和家长一同制订了关于未来发展的计划。有些孩子能平衡特长练习与作业，有些孩子就会在作业方面有疏漏，甚至会因为训练写不完作业。

首先，我会和孩子谈，问他在特长和学习中间有怎样的取舍。我班的特长生已经有了自己的目标，都和我说以特长为主，学习也要兼顾。我会再问他们中考有怎样的目标，他们清楚地知道想要去自己理想的学校，学习应当达到怎样的水平。我会帮助他们分析每门学科要努力达到多少分，达到目标分数应当付出怎样的努力。

其次，我召开的班会以学习方法讨论为多，有时会请单科学霸或是进步生分享学习的方法，也会请特长生分享自己的时间管理方式。孩子们都很善于学习，他们缺少的是恒心和动力，因此我也常常与特长生的家长保持联系，了解他们在家的学习生活状态，也将孩子的在校学习状态分享给家长。

方文琳：

杨妈妈，您是今天论坛的家长代表，我了解到您的孩子非常多才多艺，您是如何帮助孩子在坚持热爱与完成学业中找到平衡点？您能跟大家介绍一些具体的做法吗？

杨妈妈：

首先，作为家长，内心非常希望孩子可以一直坚持兴趣爱好的培养，特别是美术、体育等方面，若是坚持学习，对于孩子的未来而言也必定是一技之长。

其次，兴趣班应该是孩子想学什么，我们家长就提供给他一个机会。但现实往往是，大多孩子放弃一切休息时间，上着兴趣班并且恶补学习。所以作为家长，我们要做好两方面的工作，一方面，兴趣班的选择一定要问问小孩的想法,他们最感兴趣的东西,才能真正学好,要遵循孩子内心真实的想法,不然有可能会挫伤孩子的学习积极性。另一方面,当孩子出现成绩下滑,学业无法兼顾等现象时,我们更应该侧重分析孩子这段时间学习过程中自身出现的问题,是合理安排时间的能力不足抑或是学习生活习惯不够良好等等,而不是把问题的根源直接指向兴趣班。

最后,帮助孩子做好长期规划,看看孩子从目前看是否具备考上比较好的高中乃至大学的可能性,是单纯培养爱好还是明确要走特长路线,早调整早明确早受益。

方文琳:

吴校长,您能否从对孩子未来长期的发展角度,谈一谈如何更好地平衡好兴趣爱好与学业之间的各种矛盾呢?

吴海燕:

最新颁发的《深化新时代教育评价改革总体方案》指出:把中小学生学习音乐、美术、书法等艺术类课程以及参与学校组织的艺术实践活动情况纳入学业要求,探索将艺术类科目纳入中考改革试点。因此,初中孩子的各种兴趣班是符合国家新教育目标和未来发展趋势的,对未来中高考还是很有意义的!

那么如何平衡好与学业各种矛盾呢?这需要学校各科老师一起来关注、协调和给学生减负!一些地方和学校重智育轻体育、美育、劳动教育,片面追求升学率,机械刷题、超标超前教学等,造成学生过重负担。初中精讲精练是关键,不能搞题海战术,消耗孩子的所有时间和精力,应该还孩子更多自主发展兴趣和全面提升体艺美劳等方面的时间,从而营造生动活泼的学习氛围,促进学生身心健康、全面发展。

方文琳:

曹校长,我们知道,作为校长,您在办学过程中一直倡导"持续培养孩子的特长,悉心呵护学生身心健康",那么,您认为作为老师和家长应该怎样帮助孩子协调,让孩子未来的生活更有"趣"?

曹纺平:

2018年浙江省中小学教育质量综合评价监测结果显示,有3~4项固定兴趣爱好的孩子,成绩是最出挑的,学生的兴趣爱好涉及体育、艺术、科技、思维等各种门类。这个结果说明了学习成绩的提升与兴趣爱好不但不矛盾,还相辅相成。孩子将兴趣爱好坚持到初中,说明喜欢,也有一定的毅力,但初中学业压力明显增大,孩子碰到的问题其实是如何合理安排时间。

所以,家长和老师要指导孩子分析自己的学习能力和状态,确立适合的学习目标,选择适当的学习内容,提高学习效率,这样就能较好兼顾学业和兴趣爱好。合理安排时间、养成良好的习惯也是很重要的一项能力,会使孩子终身受用。

成长贴士

教育学研究表明,人的发展阶段在各年级段既有普遍的共同的生理特征和心理特征,又存在着个别差异,每个学生都有其自身的特点和特长。素质教育背景下,重视对学生特长的培养,是符合教育创新诉求的,更是有利于学生持续发展的。

学习是为了成长,为了将来能更好地适应社会。兴趣是孩子最好的老师,孩子在做自己感兴趣的事情时,会认真探索,专注投入,坚持积累。在这个过程中,孩子同样能锻炼学习所需的能力素质,如意志力、注意力、理解能力等,也会自然而然地在学习上获得进步与提升。因此,学习成绩和个人兴趣发展应该是相辅相成的,关键是家长要正确引导,老师和学校要帮助孩子正确面对。上述嘉宾观点中提到的分析孩子真正的问题所在、培养孩子的时间管理能力、帮助孩子做好规划等方法都有利于二者之间的互相促进。

孩子假期在家不自律，怎么办？

"老师，放假了本应该开心，可我却开心不起来。想到马上初三了，担心自己理解和掌握新知方面会跟不上，新教材已经借到了，可是一页书也没翻看呢。"

"很多同学的假期作业都快写完了，他们预习新课的自学工作已经做起来了，我感觉他们已经能够熟练掌握九年级的知识了，我有点担心自己的学习会落后。"

"虽然我假期里也制订了学习计划，头两天基本都能按照计划进行，可是这几天，发现明显松懈了，很多计划都没实现，爸爸妈妈去上班了，少了督促，我就更放松自己了。每天都是鼓励自己、放松自己、睡前反思自责，第二天仍旧重复前一天的循环。老师，我该怎么办？快来帮帮我吧！"

正值假期，很多学生和家长反映假期作业被打入"冷宫"、计划几乎成摆设、躺平是常态，长此以往，怕是开学前熬夜赶作业模式又要重现。那么，如何帮助学生制订科学而又合理的假期计划？如何指导学生把计划落到实处呢？以下是三位老师的精彩回答，希望可以帮到每天都在"三省吾身"的孩子们。

成长论坛

【主持人】

杭州市明珠实验学校付辉老师

【嘉　宾】

杭州市青蓝青华小学崔琳妮老师

杭州市风华中学苏洁老师

杭州市东园小学陈翩翩老师

付　辉：

崔老师，放假让所有孩子都开心，可是他们不开心的是"作业大礼包"，即使绝大多数孩子都会制订假期计划，可仍旧存在开学前疯狂赶作业的情况。作为班主任，您有什么意见或者建议跟孩子们分享一下吧！

崔琳妮：

刚放假时一顿计划猛如虎，几天后熬夜懒散学习拖拉原地杵的现象不在少数。

出现这种问题或许有两种原因：一是计划出了问题，二是执行出了问题。

首先，如何制订一个全面、科学、合理的假期学习计划呢？

自我分析，目标合适。制订计划前要进行自我分析，根据自己的学习特点、学习现状，制定适合自己的学习目标。学习目标定得太高，会给自己很大的心理压力，达不到目标的挫败感会使自己丧失信心，欲速则不达。学习目标定得太低，又起不到激励的作用。

劳逸结合，难易搭配。在制订计划的时候，我们往往只预期了结果的快乐，却忽视了这个过程中的困难和问题。比如，在一天的计划列表中，我们会将大模块时间设定为学科学习，语数英等科目联排。对比学校的课表，我们不难发现这样的计划对注意力和思维力的要求更高。假期中更需要劳逸结合、难易搭配的计划，否则身心状态就会疲沓，无法完成既定任务。

全面高效,规划时间。根据自己的假期生活作息,找出每天学习的最佳时间段,进而安排学习。比如,有的同学早晨头脑清醒,思路清晰,那早上可安排适合记忆和思考的知识;有的同学则是晚上学习效果好,那就可以将较重要的学习任务放到晚上来完成。

根据学习任务的轻重缓急来安排时间。一般说来,把重要的或困难的学习任务,放在一天学习的前半段时间里完成,因为这段时间,精力充沛,思维活跃,而把比较容易的放到后半段时间里去完成。此外,可以把较细碎的学习任务,放到零星的时间去完成。

调整计划,分解计划。将整个假期的大计划分解成一个个"周计划""日计划",完成起来将会更有动力。当然,计划是不会动的,但我们在执行的过程中完全可以灵活机动。不要因为上午一件事没做完而导致一个下午的计划全被打乱,也不要被计划束缚住。

其实,执行计划本来就不是一件容易的事。借助 Forest、番茄 ToDo、专注ing 等一些培养好习惯、强调时间观念的小趣味软件;邀请志同道合的学习小伙伴;家长阶段性监督;设立奖惩措施;联系任课老师寻求动力……不失为提高执行力的好方法。

总的来说,制订假期计划确实值得提倡,计划能帮助我们更好地规划假期,更是用一种仪式感拉开了自主学习、自主管理的序幕。但我们也要明白,计划不是用来束缚谁的,计划只有被认可,且在执行的过程中灵活变动,才会有效。

付　辉:

苏老师,在我们看来初中生比较理性和自律,可是仍旧有假期计划成摆设的情况,如何让计划落地,听说您在这方面有自己独特的体验和感悟,请您分享一下。

苏　洁:

作为一个在假期里拥有大把可自由支配时间的青年教师,我在假期计划上可谓是"身经百战",也走过壮志满怀做计划、听天由命做懒虫的漫长过程。在与天生惰性做斗争的过程中,我发现有以下几点能起到作用:

第一,从偶像身上汲取精神力量。一个人走在自我追求的道路上,往往是孤独而艰辛的。但是,如果前方有人举灯引领,哪怕与我们不在同一条道路上,他们坚定乐观的态度也能感染和鼓舞我们。我们之前开展"偶像分享会",说说自己最欣赏的偶像的特质,有同学提到:

东京奥运会上大放异彩的中国00后们,比如每天持续练六七个小时跳水的全红婵,不断逼迫自己走出舒适区的孙颖莎,坚强克服伤痛的陈芋汐……还有《觉醒年代》里不屈不挠、追求真理的民国大家们,以及勤劳工作的父母、积极认真的同学等等。只有心可以解开心锁,只有火能够点燃心火。我们需要找一个点燃我们热情的偶像,在追寻自我的道路上,借他们的精神力量披荆斩棘。

第二,要有具体的计划和耐心。每个人都想成为更好的自己,但是这常常是一个遥远而虚幻的愿景。我们需要的是具体的、可以执行的目标。美国著名演说家 Zig Ziglar 曾说:"A goal properly set is halfway reached."即"好的目标就是成功的一半"。什么样的目标才是好目标呢?

A.我想要更健康。

B.我要通过每天跑5公里来改善我的健康。

C.我想要提高我的语文。

D.我要通过每周读一本书来扩展我的知识面。

通过对比,我们看出 B 和 D 是比较好的目标。这两个目标能具体操作,更加容易实现。

同时,我们还发现,这两个目标花费不了多少时间,每天一小时内就可以完成。这一点对刚开始计划的我们来说非常重要,即耐心对待自己,通过每天完成计划来培养习惯。史蒂芬·盖斯在《微习惯》一书中提出一个观点,即每天完成一点点,如每天做1个俯卧撑、1天读1页书、1天写作50字等等,不跟学生强调意志力的重要性,而是做无负担的习惯养成。

同学们如果制订了一些计划,但是却坚持不了三天,那就要迅速改变这个计划了。很有可能,你的耐心还不足以支撑这么多、这么难的计划。不如将计划的时间延长,然后每天做一点点,等一个月过去,想必你已经不需要这一纸计划,还能给自己提高难度、挑战自己了!

第三,写日记来复盘。我从初一开始,一直写到现在。日记本的角色,从学生时代的倾听者渐渐转变为打工仔的计划本+心情本+备忘录+……整合在一起的日常手账。

每月设置三个微目标,完成了就去把当天的小框涂色,不得不说,这真是我每天的快乐源泉。在日记本里,我一般写三个板块:我今天做了什么、我今天感受如何、我明天要做什么。实践证明,哪怕有几天我懈怠了,没有坚持打卡,但是因为我在日记中写下"今天我一页书都没读,太颓废了""昨天我还跑了1公里,今天还不如昨天,明天一定要跑啊!"等等勉励自己的话,第二天往往都能达到自我教育的好效果。并且,一个学期过去,重新翻看自己的日记,看到真实的自己和真实的改变,又会充满信心。因此我推荐各位同学都能写点日记,不是为了什么提高写作水平,也不是为了做好看的手账,就是为了记录每天的自己、开解困于当下的自己和给未来的自己积攒快乐。

付 辉:

陈老师,假期计划成摆设,孩子急,家长更急,我们知道您在家校合作这方面有着丰富的经验,针对孩子假期在家不自律的情况,请您为我们的家长朋友支支招。

陈翮翮:

老师和家长首先要激发孩子制订假期计划的意愿,引导孩子思考假期目标是什么,并记录下需要做的事,尤其是在假期里值得去发扬的优势、需要提升的方面和期待做的事,共同制订一份劳逸结合、难易搭配的暑期计划。

怎样让"独自在家"的孩子对计划有持续性的执行呢?那就尽可能让他对计划的评价制度感兴趣,并对评价和奖励有持续性的追求和进步,在此过程中不断实现自我价值,形成良好的自律习惯。所以,一个精心设计的评价机制和家长的引导至关重要。

评价机制,比较常见的是"积分制",值得注意的是,计划有"时间越长越难坚持"的特点,在设计时,除了"累积",还可以"进阶",越到一个周期的后面几天,每次完成计划获得的积分越多,中途放弃了就清零重新累积,制造"可惜"心理。也可以设计有趣的"晋级制度",以制度结合职位、功名、军衔等等,完成计划可以晋升一定等级。在计划执行过程中,除了及时评价、总结、奖励,适当的时候还应大力表扬孩子的努力,或者在外人面前夸大孩子的成功,发个朋友圈秀一秀等等。各种奖励有机结合,目的就是促进孩子对这个计划付出更多努力和坚持。

成长贴士

计划完不成,只因为缺乏自制力吗?这有可能是自身心理能量过低的表现。成绩不满意、老师的批评、爸妈的打击……这些烦心事都会消耗我们的心理能量。当我们处于能量低谷时,可能没有足够的能量管理自己,而只能做一些简单的事,比如打游戏、发呆、睡觉、刷手机等等。因为比起刻苦努力学习,这些事都不会更多地消耗我们的能量,对于此时的我们来说,玩,只是我们应对焦虑的"回血"方式而已。

"成功才是成功之母",我们迫切需要一次胜利。计划列得好看不等于适合自己,每个人学习的吸收速度、所需休息时间、调整学习状态的能力都不同,你需要不断调整计划,直到形成"合身"的时间表。同时,认可自己每一次微小的胜利:今天完成所有计划任务,奖励自己多看10分钟课外书;今天攻破一道难题,可以多休息5分钟……正向反馈可以让大脑将自律和快乐连接起来。当你多次成功执行计划后,自信也就随之而来。

"我能做好规划,安排自己的时间!"

是的,自律已经属于你。

孩子做作业找现成答案，怎么办？

进入期末复习阶段，为了提高复习效率，检查知识的掌握情况以及了解学生综合运用知识的能力，各科老师会布置一些综合性的作业，比起上新课阶段的作业难度会大一些，对孩子来说具有一定的挑战性。有不少孩子为了早点完成作业或者是出于畏难心理，一碰到这类的题型，就向家长求助，或者找同学要答案，有的干脆直接上网搜答案。对于这样的情况家长该如何应对呢？

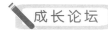 成长论坛

【主持人】

 杭州市明珠实验学校付辉老师

【嘉　宾】

杭州市明珠实验学校丁妈妈

杭州市明珠实验学校吴安老师

杭州市景成实验学校潘绿丹老师

付　辉：

丁妈妈您好，期末复习阶段很多家长反映孩子认为作业难，想要电子产品搜答案，家长们明知搜答案不可行，可又不知道该怎么解决，请问您遇到这类情况是如何处理的呢？

丁妈妈：

我儿子今年读初一，经常跟我对比小学和初中的学习生活，他认为初中的作业量比小学多，做作业时间比小学长，难度也大了。偶尔朝我借手机，说要查查资料。近段时间，要手机的频率高了，尤其周末。一开始我就很痛快地同意了，后来发现他存在用手机搜答案的情况。

几经思考和向周围人请教，我和孩子做了一个约定：

1.手机要在我或者孩子爸爸在场的情况下使用。

2.搜完答案退出手机，再梳理思路做题。

3.搜过的题目，要讲给我们家长听。

4搜过的答案蓝笔书写，区别于自己独立思考完成的题目。

5周末以错题形式再做一遍。

6涉及一题多解的要进行归纳整理。

这样约定，是不想手机毁了孩子独立思考的习惯，不想他对手机产生依赖心理。同时，既然学习的目的是学会、弄懂，那么即使是用来搜索答案的手机，也可以成为辅助学习的工具。搜索过程中，有视频讲解，有知识拓展，有一题多解，有多角度归纳，我认为不用把搜答案当作洪水猛兽，做好监督和引导，手机也能成为孩子的"小老师"。

付　辉：

吴老师，你是首批区级十大家庭教育指导师之一，在处理亲子关系方面有着丰富的经验，期末复习阶段孩子们出现搜答案、借鉴答案这种情况，家长该怎么办呢？

吴　安：

首先，我们要接纳孩子的情绪。当我们谈到孩子的畏难情绪时，其实是想处理孩子的畏难情绪带来的行为问题。情绪和行为之间有着紧密的联系，当孩子出现了畏难情绪之后，他会采取一系列退缩、拖延、逃避的方式，来处理他所面临的困难。

其次,给予孩子正向激励。正向激励才能树立孩子的自信,给孩子解决问题的勇气。在面对孩子的畏难情绪时,作为家长,对孩子表示及时的认可和表扬,帮助孩子建立自信心和责任感。让孩子理解犯错并不可怕,学习从错误中取得进步。当孩子感受到被欣赏时,就会迸发出更大的自信。

付　辉:

潘老师,您既是一位老师,也是一位小学生的家长,相信这类情况您也遇到过,那么,您是如何解决的呢?

潘绿丹:

作为老师,同时又是一个小学生的妈妈,也常常会遇到这种情况。临近期末,孩子们的学业压力是比较大的。随着作业量和作业难度的相对增加,孩子们自由支配的时间相对减少,无论是体力还是脑力负担都是比较重的,这个时候出现这样的问题,其实很正常。作为孩子的家长,我的感受是可以从以下几个方面入手:

第一,接纳情绪。孩子出现了畏难情绪,其实是孩子遇到了难题,在向家长求助。这个时候,家长最应该做的就是接纳孩子的情绪。告诉孩子,畏难是很正常的,任何人都可能出现这样的情绪。给孩子一个温暖的拥抱、一个真诚的微笑,让孩子第一时间感受到来自爸爸妈妈的理解和支持。

第二,指出问题。在此基础上,温和地指出孩子的行为问题,坚定地告诉他们:爸爸妈妈理解你的情绪,但我们不能采取不恰当的行为。跟孩子探讨完成作业的目标是什么,明确:练习是为了锻炼思维,过程意义胜过结果。

第三,提供方法。孩子毕竟是孩子,他们需要的确实是实实在在的帮助。这里,我建议家长要用心关注孩子的学业,关注孩子的学业难点,在自己的能力范围内,给孩子提供一些切实有用的方法。低段的孩子,你可以帮助孩子拆解题目难度;高段的孩子,你可以分享你的解题思路。给孩子一副支架,相信结果会水到渠成。

第四,及时肯定。最后,也是最重要的,我们都要学着做一个善于表扬的家长。尤其是期末这段时间,孩子的点滴付出都值得被看见。对孩子来说,只有被看见,付出才有价值,才会让人有成就感,哪怕只是极小的一小步。

成长贴士

阿特金森认为，个人的成就动机可以分成两类，一类是追求成功的动机，一类是回避失败的动机。当我们总是强调"你怎么错这么多题？""考这么差以后找不到工作！"之类的话时，会让孩子把"做不出题"认为是一件很可怕的事情。为了回避这种糟糕的事情，孩子宁愿放弃对学习的好奇和热情，追求一个稳妥的结果——作业全对。

家长如果有能力帮助，可以和孩子一起探讨、思考，比赛谁先做出这道题目。如果担心耽误别的科目作业，则可以设定专门的"思考时间"，如做完其他作业后的30分钟内，集中精力思考难题。做出来后家长可给予具体的表扬："这道题考查对现实生活情境的了解，说明你平常观察很细心。"多让孩子感觉到探索难题的快乐，更容易激发孩子追求成功的热情，使孩子更单纯地享受学习的乐趣。

同时，老师也需要适当允许学生空题，可与学生规定，如果做不出来，可将空题理由写出来，如"找不到作辅助线的位置"等，让孩子归纳自己较为薄弱的知识点，降低对"失败"的害怕心理。

孩子做作业磨蹭怎么办？

"老师您好！我的孩子一、二年级的时候做作业还是挺快的，但从三年级开始就慢下来了，我们'威逼利诱'也不见明显好转，就这样'鸡飞狗跳'地僵持了大半学期。现在情况更甚，各种磨蹭，一做作业什么事都来了：一会儿想喝水，一会儿想上厕所，好好的橡皮也被尺子切割成一小块一小块，手中的笔也是拆了装、装了拆……越催他越不写，甚至还闹脾气，这可怎么办是好？"

这是来自一位家长的求助信，相信"磨洋工"孩子并不少见。多少家长从孩子放学就开始催写作业，到了晚上临睡前，作业完成进度条还远远未达标。每催一次，家长的火气就往上蹿一分，一天下来，弄得大人烦躁异常，孩子压抑沮丧，往往是两败俱伤。然而第二天，历史却再一次重演……孩子写作业拖拉究竟有解吗？

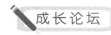 成长论坛

【主持人】

 杭州市青蓝青华实验小学崔琳妮老师

【嘉　宾】

杭州市东园小学郑思雨老师

杭州市景成实验学校吴敏丹老师

杭州市永天实验小学徐田老师

崔琳妮：

郑老师，孩子做作业磨蹭拖沓，已成为很多家长的头号难题。您能给家长们支支招吗？

郑思雨：

每个孩子做作业磨蹭的原因也不尽相同，这些原因可分为生理方面、行为方面及心理方面。从生理层面讲，有些孩子手眼协调能力发展不够，在做作业时频繁抬头、低头，降低了读写效率；从行为层面讲，有些孩子做作业时容易做小动作，例如抠手、玩橡皮等，这是导致其作业完成速度过慢的很大一部分原因；从心理层面讲，一些孩子容易受到周围环境的影响，如周围有电子产品、零食等，孩子的注意力很可能被分散。因此，家长需认真分析原因，依据孩子自身的特点，选择合适的方法。

以下方法可供家长们参考：

第一，面对手眼协调能力需要加强的孩子，家长可咨询专家，集中训练孩子的感统平衡能力；

第二，家长应为孩子提供安静清爽的学习环境。在孩子写作业前，应提醒孩子完成吃水果、上厕所等事情，然后静下心来学习。孩子的书桌上尽量不摆放电子产品或是对孩子学习有所干扰的物件；

第三，应给予孩子积极的心理暗示。例如"妈妈相信你在半小时内，一定能完成语文作业的"之类的话语。积极的心理暗示，有时远胜不停催促。

最后我想说的是，父母是孩子最好的老师，陪伴是教育中不可或缺的因素。在陪伴孩子写作业时，家长可在一旁读书。久而久之，也许能够出现润物细无声的效果。

崔琳妮：

吴老师，您是一名资深教师，同时也是一位二年级孩子的妈妈，相信您在培养孩子作业习惯方面一定有更多的心得,可以和大家分享分享吗?

吴敏丹:

孩子写作业磨蹭,一会想喝水,一会要去厕所。"不写作业母慈子孝,一写作业鸡飞狗跳",这是现在很多家庭的真实写照。陪孩子写作业也成了很多家长最大的难题。

我现在是一位二年级孩子的妈妈,孩子的作业基本上都是我辅导的。在孩子上小学之前我就在学习如何培养孩子写作业的习惯,也听取了很多资深教师的经验和建议。当孩子读一年级了,我就特别关注孩子独立完成作业。

这是我根据自己孩子的实践总结出来的几点经验:

第一,给孩子准备独立的写作业空间。上小学之前,和孩子一起特别有仪式感地准备学习灯、学习桌、学习椅,营造一个安静的独立学习空间。

第二,作业习惯养成的要求。孩子刚进入一年级的时候,我会跟他说写作业之前必须完成吃东西补充能量,因为中途进进出出喝水、充饥会影响他写作业的连贯性。最开始的一个月我也在旁边陪着他,告诉他要在规定的时间内完成。

第三,逐渐放手让孩子养成独立完成作业的能力。一个月后,孩子开始知道写作业的流程,这时我开始跟孩子说现在你自己写作业,妈妈也有自己的事情要去完成,我们一起在有效的时间里完成我们各自要完成的事情。孩子欣然答应了,而且效果也很不错。

第四,给予孩子写作业的动力。告诉孩子独立写完作业后,我们有额外的奖励。这个奖励可以是亲子运动,骑车,打球,散步等等,也可以满足孩子一个愿望。

第五,运动有助于提高孩子的学习效率和学习注意力。二年级开始,孩子每天要参加一两个小时的运动训练,但是这么长的运动并没有影响他写作业的效率。他反而更抓紧写作业的时间,学习的效率和注意力也提高了很多。

崔琳妮:

徐老师,您如何看待孩子写作业磨蹭的现象?提高孩子写作业的效率,您有什么建议?

徐　田:

通常来说,一、二年级学习难度相对较低,孩子们学习态度也积极,完成作业速度会培养得越来越快。而到了三年级,学习难度拔高了,这时候需要更加关注他的学习情况。是不是到了三年级学习难度增加,孩子跟不上学习的进度,回家作业不会做,所以很抗拒做? 面对难题孩子有畏难情绪是可以理解的。这时候的孩子需要的是帮助而不是责骂,问问孩子哪些作业需要帮助,哪里还不会,能有效帮助孩子缓解对作业的排斥感。

接着,看看孩子是否存在一些自身无法克服的困难。比如,注意力无法集中,自己没有时间观念……如果孩子遇到这些问题,家长要有针对性地帮助他,注意力要找相关的方法慢慢培养起来,没有时间观念家长要跟孩子商量好做题时间并给他计时。

比起"威逼利诱",家长更需要多些耐心,重新陪孩子走一遍学习的过程,一起迈过这个坎儿。当然,家长也可以找老师沟通沟通,看看孩子在什么方面的知识落下了,回家费点心思补上,重新帮孩子树立学习的自信心。有了自信,对待学习的态度也会积极起来,但这也不是个简单的过程,还是需要家长的耐心陪伴。

成长贴士

面对孩子做作业磨蹭,家长如果一味地催促、唠叨甚至武力威逼,只会让孩子反感、害怕甚至焦虑。作为父母,我们不妨先问自己:你的控制欲妨碍到孩子的自主学习了吗? 你对孩子的期望值是不是太高? 你是否无视了孩子的兴趣点?

面对孩子做作业磨蹭,家长要有正确的心态,用科学的方法帮助孩子提高效率。上述嘉宾观点中所提到的方法都是很值得一试的,当然,家长也需要根据孩子的具体情况因材施教,对症下药,才能"药到病除"。

没有了"早读"，我们该做什么呢？

"双减"政策实施后，杭州市教育局于2021年9月，就进一步规范初中学校的作息时间和课后服务提出了新要求：取消统一早读，上课时间不早于八点。

学期过半，有些学生到校比较早，养成了良好的晨间自主学习习惯；有些学生较早到校，却无所事事，浪费晨间宝贵的时间；还有的学生对时间把握不好，会出现迟到的现象。

取消统一早读，对老师和家长都是一个新的挑战。作为家长，你会要求孩子提早到学校吗？作为老师，对于学生利用好早到学校的时间有什么建议呢？

成长论坛

【主持人】

杭州市景成实验学校校长曹纺平老师

【嘉　宾】

杭州市明珠实验学校李妈妈

杭州市安吉路教育集团新天地实验学校王妈妈

杭州市景成实验学校赵词慧老师

拱墅区教育研究院学生成长研究中心副主任周慧老师

曹纺平：

李妈妈，您是一位八年级学生的妈妈，您会要求您的孩子提早到学校吗？

李妈妈：

我还是喜欢孩子提早到学校的。现在双减后，孩子在学校上晚自习每天作业基本都能在校内做完，回来歇歇，洗一洗就睡了，10点钟就能进入睡眠状态，早上6点起来，8小时的睡眠时间得到保障。起床后精力充沛，早上记忆力好，用来晨读最好不过，在家里孩子难免自由散漫，坐在教室里晨读更有学习氛围。我们居住地离学校较远，早点出发不会因为堵车而担心迟到，早晨也不必急匆匆，为迎接一天紧张而高强度的学习创造一个好心情。

另外，早点到校，还可以提早把当天的预习工作做好，把老师要讲的提前预习一下，为疏通课堂难点做好基础工作。还有，每个孩子在班级都有值日任务，早点到校完成自己的劳动任务，可以培养孩子的责任意识、时间观念，还能养成良好的作息习惯。

曹纺平：

王妈妈，您是一位一年级新生的妈妈，您对孩子要不要早到校以及到校后可以做些什么事，有什么看法吗？

王妈妈：

孩子刚成为一名小学生便遇上了"双减"，作为家长，不免会有些焦虑。但三个多月的学校生活让我惊喜地发现，孩子比在幼儿园时更加自信、从容，也从言语间感受到孩子的快乐，我想"双减"政策促进孩子全面健康成长一定是必然的。

因此，我倾向于孩子不用提早到学校。一方面，确保孩子有充足的睡眠时间，有时候还能在早餐之余进行课程的预习或巩固，完全没有传说中"手忙脚乱的一年级"之说；另一方面，早晨的时间能够让学校和老师的"减法"变成促进孩子"我要学"的"加法"，遵循学习规律，让孩子在课堂上更加专心学习，提升学习效率，养成良好学习习惯。

曹纺平：

赵老师，您是今天论坛的教师代表，既是一位初中语文教师，又是学校八年级的年级组长，您能跟大家介绍一些早晨到校后具体的做法吗？

赵词慧：

首先我们应该弄明白的一点是："双减"之下，取消统一早读后，多出的时间到底属于谁？上课时间不得早于八点，如果孩子八点前后到校，那么这个时间就属于家庭。家长大可根据孩子的实际情况，帮助孩子对时间进行规划。比如有的家长会安排孩子用完早餐后，在家读一读课文；也有的家长，会根据孩子的情况安排一些体育活动；也有的家长，会让孩子多睡一会儿。但无论是哪种安排，如果这个时间归属于家庭，家长都应承担起引导孩子合理安排的责任。比如，在作业量合理的情况下，孩子总是晚睡晚起，家长要观察是不是孩子学习有困难或者做作业效率过低，并及时采取措施。

孩子大多都不是天生会安排时间的，偷懒是孩子的天性，家长应给予指导。如果孩子选择早点到校，那么这个时间归属于学校教育。学校根据大部分孩子的情况给予一些时间安排的建议，如阅读、练字、朗读等等，也是引导孩子更好地规划好自己的时间。但其实说到底，这个时间最终应当归属于孩子。双减，不减责任，不减质量，不减成长。学校、家庭都应积极引导并陪伴孩子学会规划、管理自己的时间。如果放任这段时间没有任何归属，那么对于孩子的成长并不是好事。建议家长和孩子坐下来商量一下，充分听取孩子对于到校前时间的规划，家长可以根据情况提建议，最终敲定计划。学校方面，也会根据不同层次孩子的情况，给孩子不同的任务。比如我作为语文老师，会给孩子提供背书、阅读、练字、加餐题等等不同形式的选择，根据孩子们的不同情况提供建议。

曹纺平：

周老师，对于"双减"后的早晨到校安排，很多老师和家长估计都会给孩子很多建议。您有好的建议分享给大家吗？

周 慧：

我的观点是：不要让早到学校成为学生的心理负担。

"早点到学校，你可以自己先拿本书出来早读呀！""再检查一下今天要交的作业吧！""早点进教室，你可以先整理一下书包，调整一下心情，做好上课的准备呀！""你能不能在这个时间帮助班级打扫一下卫生呢？""背一背英语不是挺好吗？"……对于"双减"后的早晨到校安排，很多老师和家长估计都会给孩子类似的建议。"一日之计在于晨"，鼓励和引导孩子们养成良好的自主、自觉、自理的习惯，可以让孩子终身受益。

但是，我总在想，如果换位思考一下，如果每天我们早早地到了单位，老板就让我们开始干活，帮同事们擦擦桌子扫扫地，我们会怎么想？ 当然，我不是说自觉早读不好，也不是说为集体服务不好，但是，为什么就不能让孩子自己做出选择呢？ 为什么不能让孩子漫无目的地在校园里到处走走逛逛，看一看清晨校园的静谧？ 为什么不能让孩子约上几个朋友在操场上"抓抓儿""躲猫猫"？ 哪怕孩子的选择就是发发呆，我觉得也没什么不好的呀！ 因为，这是孩子自己的时间，他(她)知道自己在做什么事情就可以了，我们真的没有必要把这些事情赋予太多的意义，不要让早到学校成为学生的心理负担。

成长贴士

调查发现，现在的学生睡眠时间严重不足，并且睡眠时间与学生年级增高有关，一、二年级睡眠时间长些，越到高年级睡眠时间越短。因此，在近些年的教育改革中，十分强调保障中小学生的睡眠时间。

学习固然重要，但是学生的身心健康是基础。中小学生的学业压力过大显然已成为社会需要解决的难题。为了减轻学生负担，双减政策应社会需要而生。取消统一早读，在一定程度上可以有效缓解学生早上上学的紧张情绪，同时，睡眠时间更充足，就会有更加充沛的精力投入课堂学习当中。当然，原本用于统一早读的时间并非一定要用来补觉，也可以倡导进行一些体育锻炼，以此来促使孩子身体更加强壮，心情更加放松，让美好的一天有个令人愉悦的开端……

学校实践性作业，
孩子求助家长代劳该怎么办？

在强调发展核心素养和"双减"政策的背景下，学校布置给学生的作业发生了巨大的变化，手抄报、调查报告、主题绘画、研学手册等实践性作业所占的比重越来越大，形式也越来越多样。

这些作业旨在培养学生参与社会活动的意识，提升学生实践创新的能力，涉及的知识不仅仅停留于书本，也不局限于某一学科，相比于抄抄写写、记记背背的作业，对学生来说更具有挑战性。学生在完成这些作业的过程和结果参差不一，有的积极认真，有的敷衍了事，有的直接扔给家长完成。

作为家长，您如何看待这样的实践性作业？孩子求助家长代劳，您又会怎么做？作为教师，您对学生和家长有什么好的建议呢？

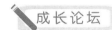成长论坛

【主持人】

杭州市安吉路教育集团新天地实验学校孙霞飞老师

【嘉　宾】

杭州市风帆中学方钧老师

杭州市景成实验学校王燕佳老师

杭州市安吉路实验学校学生家长金妈妈

孙霞飞：

方老师，您是一名中学社会老师，社会学科的实践性作业较多，对于家长代劳学生作业的情况，您怎么看？

方　钧：

社会学科对假期的社会实践作业非常重视，因为学生通过完成社会实践作业不仅能增进对社会的了解，培养"社会实践"的学科素养，也能"在做中学"，巩固对课本知识的理解。因此我们对家长代劳社会实践作业一事非常不认同，在布置作业的时候，以下几点是我们会考虑到的。

首先，明晰任务分工。孩子的实践作业家长会代劳，我认为主要原因有两个，一是家长觉得孩子没有能力完成，二是孩子拖拉导致作业不能及时完成。针对这两个问题，老师应当在考量孩子学情的基础上布置有趣的作业，让孩子乐意自主完成作业。比如我们七年级社会备课组今年寒假的实践作业是让孩子拍摄节日习俗，孩子们非常积极地参与视频的拍摄、制作，也会邀请家长作为摄影师帮助拍摄。因为要求孩子本人出镜，所以我们收到的作业没有家长代劳的情况。

其次，尽早发现问题。我们备课组第一次布置社会实践作业是在新初一的暑假，"学习党史，探访红色景点"的作业中要求孩子完成一个手写的景点介绍版，附上自己的照片。在收上来的作业中我们发现有些孩子介绍版中的文字部分用笔非常老练，经过一对一的询问发现其中有些确实是家长代为完成的，我们便对其进行了教育，并联系家长，建议不要为孩子的作业代劳。在给了这一"下马威"之后，我们学科的社会实践作业完成情况一次比一次好。

第三，鼓励家长参与。家长是孩子最好的老师，处于青春期的初中生需要家长的陪伴和支持。社会实践活动的目的是让孩子融入社会，家庭的交流也是其中的重要环节，不能为了"避免家长代劳"的目的而完全摒弃家长的参与。我们教研组中，初二的"讲述家庭老物件故事"和初三的"我的家族史"社会实践作业,就是让孩子采访家里的长辈。孩子在和家长交流的过程中不仅完成了作业,也增进了和家庭成员的互相了解。

孙霞飞:

王老师,您是资深的年级组长,经常组织年级组开展妙趣横生的实践活动。您如何看待学生的实践性作业?

王燕佳:

我认为核心素养的形成不是简单的时间累积和习题堆叠,而是需要学生在实际生活中进一步理解知识,应用知识解决问题,所以实践性作业不是为了展示,更不是布置给家长的作业。

对孩子来说,实践性作业能让你感受知识是有"生命"的,有"力量"的。在课堂上孩子收获的只是一颗"种子",在实践的过程中孩子会发现各种各样的问题,可能符合原有认知,也可能打破原有的认知,但无论是哪一种都是知识在"生长"。通过实践性作业,孩子还会收获一个馒头、一棵幼苗、一段音乐,又或者是其他,知识不再是纸上的文字,而是真实的存在,变得看得见摸得着。作为学生,只要亲身经历并用心体会,一定可以收获别样的乐趣。

对家长来说,实践性作业能让你走近孩子,走入孩子心田。大多的父母会觉得孩子不喜欢和自己交流,并将其归咎于孩子的青春期叛逆。其实,没有共同的话题,自然就缺少交流的契机。如果能参与孩子的实践性作业,父母和孩子就会共同拥有一颗一起播下去的种子,一个一起发出来的面团,又或者是一个等高线模型。接下来,父母与孩子就会有更多的共同话题:苗苗长得怎么样了? 面包哪里可以改进? 模型展示了哪些地形? 另外,参与孩子的学习过程,家长能感受孩子的努力,孩子也能感受家长浓浓的爱。

孙霞飞:

今天我们也邀请到了一位有着双重身份的家长代表,因为她也是一位班主任老师。金妈妈,您又是如何看待这样的实践性作业的呢?

金妈妈:

实践类作业与传统作业相较,难,就难在其"无形"。它除了主题之外,极少有其他方面的要求。因而家长在其中的作用显得尤为重要。我在此与

大家分享一些做法,我称之为扮演好三个"角色":

角色一:低段家长,做好"指导者"。低段的孩子尤其需要家长的"扶"。因而,拿到主题之后,我会先和孩子坐下来讨论我们需要的材料,然后手把手地教一些搜索引擎的使用方法,获取材料;最后具体实施,可借助市面上的一些"神器",降低实践作业美观层面的难度,且可由孩子独立完成。最后我们对作品进行点评,明确下次完善的方向。

角色二:中段家长,做好"引导者"。进入中段,孩子已经具备操作的基本技能,所以我们可以逐步放手,只消在材料拣选和作品评价两个层面给予引导。拣选材料时我会先示范,并说明选择的原因,再让孩子选,请他也说说自己的想法,明确思路。

角色三:高段家长,做好"对话者"。高段的实践作业更侧重探究。能力强的家长,可以同孩子进行观点对话,鼓励孩子多角度思考问题;普通家长也可以和孩子一起研讨,以求与孩子共成长。

其实不同阶段的家长,虽然扮演不同的角色,但"陪伴"的身份一以贯之。用这份共度的时光,见证孩子的点滴成长,这也是实践作业的意外之喜。

成长贴士

体验教育要求少年儿童用"心"体验,用"心"感悟,引导他们在体验中把教育要求内化为品质,外显为行为。教育如果只是停留在课本和课堂中,就无法让学生获得真实的体验教育。因此实践性作业是让学生走出课堂,通过实践去获得知识、情感、态度、价值观的作业形式。

"实践是检验真理的唯一标准。"新时代背景下,学校教育和家庭教育需要改变育人观念,努力培养学生适应终身发展和社会发展需要的必备品格和关键能力,使学生获得亲身参与实践的积极体验和丰富经验,激发创新潜能。

学习方式的改变,也是孩子能力成长的契机。

期末考来临，
如何帮助孩子调整心态？

"每一个逆行和命运抗争的、勇敢的人，都值得被奖励一朵小红花。"这是电影《送你一朵小红花》中的台词，片尾，生活中所有努力的人们温暖和激励了观众的心灵。

别紧张，你是最棒的！

嗯！我能行的！

期末临近，孩子们也都在繁忙的学业中努力。小力每天不但认真完成各项作业，还复习了许多知识重点、整理出错题。但几次模拟考试小力都觉得没考好，他很沮丧。小梅觉得自己最近的情绪不对劲，练习卷一发下来就紧张，一紧张有时连题目都看不懂了。事后再读题，却发现其实这题自己完全能做出来。

每个孩子的情况不尽相同，但期末在即，想考出一个好成绩的愿望都是一样的。老师和家长如何在期末来临时帮助孩子调整心态？让他们充满信心，用积极的行动迎接期末考试，同时，在努力过后坦然面对成绩。

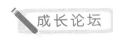

成长论坛

【主持人】

杭州市东园小学沈熠老师

【嘉　宾】

杭州市明珠实验学校付辉老师

杭州市安吉路教育集团新天地实验学校孙征丽老师

杭州市安吉路教育集团新天地实验学校蒋爸爸

杭州市拱墅区教育研究院学生成长研究中心主任沈洪老师

沈　熠：

付老师，您是中学语文老师，正值青春期的孩子面对紧张的期末考试，在心理上更需要师长的引导，您在这方面有什么好建议呢？

付　辉：

考试临近，个别孩子会表现出紧张，其实，有适度的紧张感是正常的，可如果紧张到考试连题目都看不懂了，那就要引起重视了，家长和老师就要帮孩子分析产生考试焦虑的原因。一般情况下，如果不是孩子自身疾病原因导致的，那么就是孩子认知过程或者思维过程受到学习过程中的某些事件刺激导致的。比如，孩子(家长)对自己(孩子)期望过高，因目标未达成而不自信，那么，在面临新一轮考试时他会表现出焦虑。也或许是由消极的自我评价或他人评价形成的意识体验，导致焦虑情绪产生，这样的孩子往往会经常说"完了""我糟糕透了"等这种消极的语言暗示自己。

那么，如何帮孩子应对考试焦虑呢？

首先，积极的自我暗示。当自己有焦虑情绪时，给自己以强有力的自我暗示，如"我能行""我一定能够成功""加油"等。积极的自我暗示，可以增加自信，克服焦虑。家长和老师要针对孩子学习生活中的点滴进步给予认可或表扬，让孩子感受到自己正在跌跌撞撞中一步步走出来，从而获得自信。

其次，适量的运动。研究表明，运动可以消除一些导致焦虑的化学物质，使精神放松，心情愉悦。当孩子有焦虑情绪表现出来时，家长可以建议孩子去跑跑步、打打球，或者陪孩子爬山、游泳等，适量的体育运动不仅可以锻炼身体，而且可以有效地缓解焦虑的情绪，使孩子有更充沛的精力来从事学习活动。

最后，情感宣泄。面对考试焦虑孩子可以进行情感宣泄，把自己的紧张、焦虑讲给父母、老师或朋友,让自己的内心得到调整;或者找一个适宜的地方,放声大哭或呼喊,以宣泄自己内心的忧郁。家长可以陪孩子看看电影、散散步,或以居家游戏等方式帮助孩子宣泄心中的焦虑。同时,家长还可以营造温馨和谐的家庭氛围,如放放音乐、讲讲笑话、烧一桌可口饭菜等,让孩子每天都感受到满足和快乐,以缓解焦虑情绪带来的影响。

沈　熠:

孙老师,类似小力同学这种情况,您能对症下药分析一下根源上的问题并提供一些具体的调整方法吗?

孙征丽:

真正的学习都是一个不断发现自我和探索新知的过程,学习过程本身就包含了成功和失败。失败也是一种学习,它可以帮助我们发现一条不可行的路,减少下一步学习的障碍。

小力几次模拟考试都没考好导致心情沮丧,后来越考越差。首先我会找到小力告诉他老师进行模拟考的目的是帮助学生找出自己的知识漏洞,训练学生的应试能力,包括答题技巧和心态等。其次我会帮助小力一起分析失分的原因,是知识体系和答题技巧上的漏洞还是应试心态等方面的问题,再进行针对性指导。

一开始小力考不好的问题应该只是知识和技巧方面的问题,但后来就变成心态问题了。

对于前者,小力应该感到高兴,因为通过练习发现了自己的知识和应试技巧存在的不足,复习阶段弄懂了不就可以减少期末考场上的失分了吗?

对于后者,如果小力每一天的学习都按计划有条不紊地进行,每天睡前回想这一天的学习都是收获满满,面对考试还有什么可惧怕的呢?只要每次考前考中给自己积极乐观的心理暗示,相信小力肯定能发挥出色。

万一考场上心里还是过于紧张,可以尝试一些放松小技巧,如腹式呼吸法(深深吸一口气同时肚子鼓起来到最大程度,慢慢吐气的同时感觉肚子一点点瘪下去)或者双手掌心相对用大力紧握,全身绷紧,然后瞬间双手松开,全身放松,多做几次让自己放松下来以平和的心情迎接考试。

最后祝每一位努力中的孩子都能自信地直面考试,战胜试题,超越自我。

沈 熠：

蒋爸爸，您是今天论坛的家长代表，我了解到您的孩子在期末阶段心态非常积极乐观，您能介绍一下具体的做法吗？

蒋爸爸：

即将迎来的期末考，无疑让每一位学娃进入紧张的"冲刺倒计时"。进入初中后，我们家长明显感觉，陪读也从小学阶段的"紧盯"战术升级为"综合指导战略"。

战略一：心态指导员。孩子考前焦虑情绪在所难免，我们家长在学习上能够给予的指导越来越有限，反而在情绪疏导方面要多加关怀。当孩子的压力递增，抱怨"这么多试卷我怎么做得完"时引导他有计划有条理地完成各项复习作业。

战略二：信心加油站。期末总复习各科内容扑面而来，孩子懊恼"我原来会的，怎么忘记了呢"，"这么难我真的做不出来"……学习上的具体困难，简单的情绪开导是远远不够的，还要给孩子的学习方法"加加油"。鼓励他不懂就问，根据自己的"短板"，主动寻找各科老师"答疑解惑"。

初一是孩子学习方法转型的重要时期，希望我们每一位学爸学妈都能一起掌握更多的陪读技巧，一起为孩子加加油，鼓励孩子向前冲。

沈 熠：

沈主任，您一直倡导"家校协同育人"的理念，您认为作为老师和家长应该怎样协同一致、家校配合帮助孩子调整好心态？

沈 洪：

老师、家长帮助孩子获得积极的心理、乐观的性格和健全的人格，是送给孩子最为宝贵的礼物。

请告诉孩子，能屈能伸才是真正的强者！成功者是经得起失败考验的。挫折教育，即便在学校没有经受，在社会上也会给补上。一次或多次考试失败，是人生必定经历的。不被挫折打垮，将每一次考试失败转化为更有力的行动，那是生命的成长。

请告诉孩子，尺有所短，寸有所长，坦然接纳不完美的自己！不拿自己不完美的一面去和别人好的一面比较,与不拿自己的优势和别人的不完美去比同等重要。正视自己和别人之间的差距,重拾信心再次出发,付出努力弥补缺憾,那是生命的绽放。

请告诉孩子,拒绝玻璃心,学会坚韧长大!不要执迷于"第一",而要磨炼"韧性";不要执着于"成绩",而要修炼"格局"。既要有站在舞台中央的勇气,也要有街边鼓掌的豁达;既要有走向高峰时的淡定,也要有面对低谷时的从容,那是生命的韧性。

当然了,亲子关系是孩子心理状态的第一影响要素。父母的价值观里潜藏着父母的期待值,承受不同程度的期待,孩子的焦虑程度也会不一样。放松身心,请做孩子强大的后盾吧!传递给孩子足够的爱和力量,让孩子获得"无论我怎样,背后都有爱我的、我爱的父母"这一坚定信念,回报父母的也将是一位张开双臂拥抱生活的好孩子。

成长贴士

罗森塔尔效应告诉我们在亲子教育及学校教育中,师长对孩子抱有期望,且有意无意地通过表情、言语给予赞许、体谅、包容,将隐含的期望传递给孩子,孩子会呈现出积极的反馈。同时心理学研究表明,成功来自信任、期待,来自赞扬,来自爱。当然,这种信任和期待应当是积极、现实的,而不是盲目的。

在期末阶段,孩子的情绪受到学业情况好坏的影响,而情绪又影响后续的学习,因此当他们能坦然面对失败或是不够完美的情况,并能从知识技能上获得足够的支持,就会展现出积极的态度。上述嘉宾观点中所提到的师长调整观点,看重成长过程更甚于学业成败,帮助孩子对症下药分析失败原因、提供知识技能的支撑、包容失败、言语鼓励、情绪宣泄等都是很值得学习的方法。

成长话题

孩子很努力还是考不过别人，
要怎么开导？

期末考试结束了，孩子们陆续拿到了自己的成绩单，有些孩子因为取得好成绩，或是取得明显进步而高兴，但也有一些孩子因为没有达到预期而难过。

班里的小金就是情绪低落的那个。小金是一个认真的孩子，上课不开小差，经常举手发言，作业也能按时完成。但是这次考试，他的成绩却不及班里"调皮捣蛋"的小陈。这让小金觉得很不公平，明明自己很努力地学习，但结果还比不上别人轻轻松松获得的成绩。

"是我太笨了吗？努力还有用吗？"小金委屈地提出了疑惑。那么，当孩子努力学习，成绩却不及他人时，作为老师或者家长，我们应该如何看待和开导呢？

成长论坛

【主持人】

  杭州市朝晖实验小学余昌文老师

【嘉　宾】

杭州市明珠实验学校殷音老师

杭州市景成实验学校王荣平老师

杭州市东园小学范妈妈

杭州市长河高级中学蒋杭英老师

余昌文：

殷老师，我知道您是一位非常优秀的教师，带班成绩也非常好，像小金这样的孩子在考试不理想的时候，不能很好地面对，我们该怎么去开导他？

殷　音：

在教育教学过程中，确实会遇到像小金这样的学生，他们非常在意自己的学习成绩，当考试不理想的时候，不能很好地查找原因和处理问题。我觉得可以从以下几方面和孩子去沟通。

首先，接纳当下。每个人都希望自己的付出得到相应的回报，但我们的付出一定会有理想的结果吗？没有获得满意的成绩其实是非常常见的事情，首先接纳这种情况，它并不糟糕，毕竟一次考试不能反映我们的整体学习水平，也不能代表我们自身的所有价值。

其次，挖掘成绩背后的意义。小金为什么如此看重成绩呢？成绩对小金来说到底意味着什么？是努力的回报，是获得同学欣赏的凭证，还是赢得老师和家长喜爱的条件？一方面，鼓励小金寻找分数背后的意义，可能成绩上不如小陈，但是在课堂表现上和学习态度上的付出大家有目共睹，在课堂上收获的知识也让我们在生活中能够加以运用，变得更加智慧。另一方面，老师家长也需要思考，是否过于营造了分数至上的氛围，让小金忽视了学习过程本身带来的成就感。

第三，合理归因。对于本次考试的结果，小金可以找到哪些原因？可能是学习方法不科学，努力方向不正确，也有可能考的是自己并不擅长的，也有可能是过于紧张而无法正常发挥。小陈身上也有值得学习的地方，他可能平时更加留意这次的考试内容，虽然调皮捣蛋，但是听课效率高等等。小金和小陈身上都有值得欣赏的地方。

余昌文：

王老师，您是一位非常资深的班主任，您在教育学生方面有很多宝贵的经验,当学生因为学习很努力但考试成绩没有达到自己的预期,觉得努力没用时,作为班主任该怎么和学生去沟通?

王荣平：

我们要明确地告诉学生:努力当然是有用的！我们还要和学生一起分析努力的真正内涵。

"一时"还是"一直"。"一时"努力如果有用,纯属巧合。随着学习年段上升,随着知识难度提升,"一时"努力的作用力将越来越难以持久。"投机式""抱佛脚式"的努力既难以形成良好的学习习惯,又难以建立系统的知识体系。只有"一直"努力,才能笑傲江湖。

"真努力"还是"假努力"。真努力的人着眼于知识,假努力的人着眼于考试。"真努力"的人无论考试与否,都持之以恒地付出;"假努力"的人只为考试成绩,考得不好才努力。真努力的人,真诚,肯付出,不计较努力与收获之间的比例;假努力的人,被动,爱计较,只做与"收获"直接相关的任务。"真努力"的人在思维上求真,学本领;"假努力"的人在形式上求真,装样子。

"和自己比"还是"和别人比"。和自己比,比进步,找自己的漏洞;和别人比,比起点,找自己的差距。和自己比,要的是总结经验;和别人比,要的是取长补短。

余昌文：

您是今天论坛的家长代表,我了解到您的孩子成绩非常优异,活泼开朗,自信心强,请您跟大家分享一下,在孩子考试失利的时候,您是如何正确引领孩子的。

范妈妈：

作为家长,我们要看到孩子的努力,并且坚定一点:一次分数不能否定孩子的努力,但却能让我们找出薄弱点,我们一起想办法攻克它,这才能让失败发挥出它最大的意义。

努力的孩子没考好自己肯定很难过。作为家长,我也很难微笑地面对孩子考试失利的结果,但是不管心里在想什么,此时一定要保持冷静,不能跟孩子一样唉声叹气。要让孩子知道,在我的心中最重要的是他,而不是考试。先抱抱他,让他的负面情绪能得到彻底的释放,再像平时一样,跟他聊聊天,告诉他:学习是一次长跑,刚开始可以缓缓地跑,保存实力,但必须要稳扎稳打,后面有的是机会超越,最重要的是要相信自己,不能中途放弃!

此时,孩子心里一定憋着一股劲,抓住机会,让孩子努力"奋斗"一段时间,趁机纠正孩子不良的学习习惯,想办法让他保持动力,彻底燃起孩子内心学习的小火苗!

余昌文:

蒋老师,作为杭州市长河高级中学生涯教练工作坊坊主,浙江省内在动力激发创新实验室(长河高中)负责人,杭州市中学学科教研大组高中综合实践·生涯规划学科副组长,您在学生的学习动力引导方面有很好的教育经验。当"孩子觉得自己非常努力但还是考不过别人"因而苦恼时,您对家长或老师在教育引领方面有什么好的建议吗?

蒋杭英:

"孩子非常努力但还是考不过别人",遇到这样的事情,家长或是老师可以这样引导孩子:

首先,要觉察并接纳孩子的情绪。孩子觉得自己很努力但结果还考不过一个调皮捣蛋的,可能会觉得很难过甚至对自己很失望。这个时候,难过和失望是很正常的。因为我们对自己有期待,而且还付诸了行动,当达不到目标的时候自然会难过、失望。因此,可以陪着孩子一起体验这种难过、失望,陪着孩子在这些情绪里面待一会儿。

其次,当孩子难过、失望的情绪有点缓解的时候,要引导孩子更加全面地认识考试。考试是一种检测,是根据课程标准编制题目,通过会不会做题来检测学生有没有掌握这些方面的内容。如果没有掌握,自然就答不上来。孩子这次考试不理想,从知识模块上来看,是哪些知识没理解呢?从解题的技能上来看,又有哪些技能没掌握呢?这就是检测的功效,要引导孩子结合这次考试好好评估一下自己的学习情况。

还有,掌握得好不一定考得好,这跟考试时候的精神状态很有关系。考试的时候要沉着、冷静,这样大脑更容易处于一种"放松性警觉"的状态。在这种状态下,大脑既放松又沉思,是幻想、施展想象力的状态,能促进灵感、加快资料收集和增强记忆,是进入潜意识唯一有效的途径。考试时如果能让大脑处于这样的状态,就可以发挥得很好。否则的话,哪怕掌握了但考试的时候提取不出来,或是大脑的精加工受阻了,也是白搭。

另外,能不能考好跟运气也很有关系。考试是一种检测,检测就会有偶然性,有些知识点会考到,有些没考到。运气好的时候,把会的都考了,自然分数就高了。运气背的时候,偏偏考了不会的,分数就难看了。那个调皮捣蛋的同学居然考得还可以,有可能是他这次运气好,当然也有可能他知识掌握得确实不错。如果是后者,那就有可能是他有自己独特的学习方法,而且这套学习方法还比较有效果。

这运气好差谁也没办法把握,但有一种情况可以剔除这种偶然因素的影响,那就是扎实学习。把该掌握的都掌握了,不管怎么考都是不怕的。

这次没考好不能说努力没有效果。前段时间很努力,只是补了一些短板,但估计没有全部补上,而这些没补上的,偏偏这次考试考了。所以一段时间的努力并不一定能在分数上体现出来,但如果继续努力,把需要掌握的知识都掌握了以后,努力就一定能在分数上体现出来了。当然努力还要讲究方法,如果能做到刻意练习,一段时间以后,成绩肯定是会上去的。

成长贴士

个体行为原因推断过程称为归因。著名心理学家韦纳将归因划分为三个特性:稳定性,可控性和内外部。当孩子将失败归结于稳定性较强、内部且不可控的因素,如能力时,会产生内疚和羞愧的情感,因为能力往往短时间无法改变,而话题中的孩子明显开始将自己的失败归结于"笨"。因此我们可以通过一些刻意的归因练习——如在鼓励孩子继续努力后进行一些难度较低的小练习——引导学生将之前的失败和现在的成功归因于内部、不稳定且可控的因素,比如努力。形成了积极的归因习惯,那么即使他之后学习成绩不理想也不会丧失信心,因为他可以通过改变这些因素来改变学习成绩。

中考招生制度改革背景下，
如何做好小升初的准备？

近日，《浙江省教育事业发展"十四五"规划（征求意见稿）》中提出：推进中考招生制度改革，探索建立分类型、可选择的初升高考试招生制度，优质高中70%以上的招生名额要按学生比例分配到初中；逐步实现中考全省统一命题；坚持深化义务教育"公民同招"。

有业内人士证实，这确实系我省未来中考招生制度改革的方向。中考分配制度上，杭州2021年优质普高名额分配生（原保送生）比例从2021年（2018年初一年级）起由50%提高到不低于60%（六城区2021年为60%）。

中考招生制度在不断改革，让不少家长纠结，甚至焦虑选择公办还是民办。其实，不管是去公办还是民办，小升初这一个阶段都是学生成长过程中的一个关键期和转折期，那么作为家长和老师，在这一阶段，又该如何帮孩子做好小升初的准备呢？

成长论坛

【主持人】

杭州市胜蓝中学王君老师

【嘉　宾】

杭州市东园小学沈熠老师

杭州市风华中学苏洁老师

杭州市安吉路实验学校副校长张南老师

王　君：

沈老师，作为一位有着多年教学经验的小学班主任，你通常用什么方法让毕业班的孩子做好小升初的准备？

沈　熠：

小升初的准备不仅仅是学习知识层面的，更多的是心理和学习习惯层面的准备工作。根据已经毕业升学的孩子们的反馈，小学时期的学习习惯对中学学习有着很深远的影响。这里的学习习惯不仅是学习作息时间安排，还包括了每门学科的学习习惯，如语文单元复习重点的自主整理、错误题型的归纳总结、上课笔记的记录、主动学习的能力等，这些都会延续到中学的学习中。如果有良好的学习习惯，面对中学的学习生活适应得相对会更快一些。

在心理上，父母和小学老师可以多多地讲一些中学生活的可能性，但切忌是"吓唬性"的，如你动作这么慢，中学作业会更多到时可惨了，而应该是"憧憬性"的，如中学会遇到的同学、老师和小学是不同的，中学的生活会有哪些提升和变化，也可以在课堂上和日常生活里更多地结合实际情况引导孩子的为人处世的方式，怎样解决问题，怎样和不同的同学相处，发现自己孩子能力与交际的弱点，加强这方面的引导，要保持和孩子的良好沟通，在聊天中为即将到来的初中生活做好铺垫。让孩子能够以"自信、期待"的心情去迎接新的学校生活。

最后，关于小升初的选择，"量身定制""殊途同归"八个字是我根据许多已经毕业孩子的情况做的一个小小总结，我理解家长们的纠结，正视孩子本身的能力，选择适合孩子的学校，不以个人颜面为重，就好像我们所说的"不买贵的，只选对的"，相信经过家长、老师们和孩子三年的努力，很多时候也能有"殊途同归"的喜剧结局。

王　君：

苏老师，听闻你在教育学生的过程中很重视习惯的培养。孩子面临小升初，你会重点培养他们哪些习惯以备初中生活呢？

苏　洁：

我认为培养下面这三大习惯很重要。

第一，倾听的习惯。这一届初一新生刚来的时候，很多男生热衷表达。表达的内容绝大多数时候是从自己的想法和自己的经历出发，在别人发言的时候，缺乏倾听的习惯，常常打断别人，接着话头自己讲。这种习惯不管是对融洽的同学关系还是对深度思考都有妨碍。因此，首先我们就要培养孩子先完整倾听，再礼貌表达的习惯。

第二，充分准备的习惯。有一次班级里开辩论会，一个学生说："我不需要准备，临场发挥才最能体现水平。"班级里也有许多同学认为，一个同学不玩游戏、全心全意投入学习从而获得的好成绩并不显得"高级"。而那些上课睡觉、作业不做、游戏王者的同学获得了不错的成绩，更容易获得吹捧。这样的想法很危险，容易将学生带入虚荣和浮夸的深潭。在升入初中前，如果能在孩子做每一件事情时，都培养他尽全力做一件事、事事尽自己所能做好准备和应对，孩子在初中、高中乃至成人后碰到的困难，都不会打倒他了。

第三，阅读分享的习惯。苏霍姆林斯基说，要让孩子变聪明，就是阅读再阅读。现在的孩子，许多对阅读都有很高的热情。但是一问到他最近读了什么书，他只能讲出模糊的故事。那怎样才能让他读书读"进去"呢？最好的办法是分享。亲子共读的时候，孩子读完一章就请他分享他对这一部分的看法。同学共读的时候也可以互相切磋，互相念读喜欢的段落。一本书原来是作者的世界，读后分享与他人，就成为读者的一部分了。

王　君：

张校长，我们都知道"小升初"常常引发家长的焦虑，作为资深教育者，你对该阶段的家长有什么好的建议吗？

张　南：

一位朋友告诉我，这段时间他所在的小区业主群很热闹，因为又到一年"小升初"。一向自称"无所谓"的他，终于沉不住气了："张老师，你说该怎么选？"尽管，他的孩子才一年级！

家长焦虑、矛盾的背后，是对子女教育的高度关注，总是希望尽力为孩子创造良好的学习条件。不过，正如十个手指头有长短，每个手指头的功能不尽相同，孩子也存在差异。在"小升初"这件事上，家长只有理性对待，才能做出明智的选择。每位家长不妨问问自己：

相信自己吗？

相信孩子吗？

相信老师吗？

2020年，杭州市在义务教育阶段推行"公民同招"新政；同年，杭州市教育局又在全市确立55所初中成为"提质强校"试点校。相信自己的家长，不会因为政策调整而手忙脚乱。他们明白：教育，首先立足家庭。只要平时一贯重视营造良好家风，重视培养孩子正确的习惯和心态，不论选"公"、选"民"，都能使其在日后学习中游刃有余。

孩子是一个独立的个体，他们具有鲜活的思想。面对与自己学习有关的选择，家长可以邀请孩子一起参与：了解学校、分析利弊；认识自己、明确优劣。别看孩子年纪小，假若指导有方，他们照样可以做出恰当的判断。聪明的家长一定会舍得花时间和孩子交流，他们明白：教育，还要建立在尊重的基础上。

在这个关键时刻，有心的家长更明白：教育，需要家校合作，从而实现"1+1＞2"的目标。学科老师相对于家长，更清楚一个孩子的学习能力和后劲。善于协作的家长会愿意和老师保持良好的沟通频率，及时听取他们的建议，从而帮助自己合理规划孩子的未来。

"小升初"只是孩子求学生涯中的其中一个站点。家长不应局限于选择读哪所学校,而要相信自己,相信孩子,相信老师,放大选择的意义,为孩子一生的发展奠定基础。

成长贴士

小升初这一个阶段是学生成长过程中的一个关键期和转折期。不论是摇号进民办,还是念对口公办学校,作为家长,都需要陪伴孩子一起做好升学准备:如锻炼身体素质,养成良好习惯,做好知识衔接等,以更好的状态迎接初中生活。

家长的焦虑情绪往往会传递给孩子。家长需要舒缓自身焦虑,客观理智地分析孩子的擅长领域和潜能。一方面,尊重孩子意愿,不习惯性替孩子做选择,理性规划适合孩子发展的道路。另一方面,信任学校办学,了解学校的师资力量、环境氛围、培养模式等软硬件配置,选择合适孩子的学校。

这一阶段的家长需要坦然面对升学压力,调整自己的心态,以更理性的状态去协助、陪伴孩子走好"中小衔接"这段路。

成长话题

期中检测后，
家长要如何与孩子谈成绩？

来，我们一起来分析.

转眼一个学期就要过半，这时候各个学段、各个学科都少不了进行一次阶段性的检测。检测的主要目的在于检验学生对所学知识、技能的掌握情况，从中发现问题，帮助学生查漏补缺、调整学习方法。

但事实上，这种阶段性的检测常常会引起学生和家长的焦虑。因为检测的结果，也就是分数，常常会成为家长衡量孩子学习状况的主要依据。不少家长非常关注孩子成绩在班级、年级中的排名，看到有进步就觉得什么都好，除了表扬还是表扬，看到有退步就觉得什么都有问题，少不了批评和惩罚，甚至是打骂。

那么，家长在看到期中成绩后，到底要与孩子说些什么？怎么与孩子说，才能让孩子更好地面对呢？

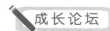

成长论坛

【主持人】

杭州市景成实验学校校长曹纺平老师

杭州市朝晖实验小学余昌文老师

杭州市明珠实验学校付辉老师

杭州市拱墅区教育研究院学生成长研究中心副主任周慧老师

杭州市上城区教育学院研究员王珍老师

曹纺平：

余老师,您作为资深的语文教师,培养了一届又一届优秀的学子。面对家长期中检测后的焦虑,您有什么好的建议吗?

余昌文：

"不以'分'喜,不以'错'悲"。期中考试的成绩一定程度上是孩子半个学期学习态度与知识掌握程度的反馈,但并不是绝对。因此,当孩子期中考试成绩不够理想时,家长切忌过多说教与盲目攀比,如果家长只是就分数论事,这不仅会徒增孩子的压力,还会造成孩子的厌烦情绪。比起结果,家长更需要关注孩子的学习过程,也要引导孩子去重视平日日积月累的学习过程。此时孩子最需要是分析原因,总结经验,赶快找到一条切实可行的提升途径。

家长可以从以下几个方面引导孩子进行自我反思:一、分析孩子考试前的准备是否充分;二、分析孩子的做题思路和方法是否正确;三、分析孩子的学习习惯和态度是否正确;四、分析孩子的学习效率是否高。当孩子在反思中明白前期的漏洞时,制定每个阶段的小目标显得尤为重要。孩子制定的目标家长要进行把关,不可过高或过于空洞,通过努力能够得着的目标最合适,可以不断激发孩子向上的动力。

最后,家长要时常鼓励孩子主动向学科老师请教,及时解决不懂之处,还可以使孩子在和学科老师亲近的过程中对待学习更加上心。

曹纺平：

付老师,您是一位资深的初中语文教师,同时又是一位初三学生的家长,您是如何看待孩子的期中检测呢?

付　辉：

期中考试后希望能够以平常心看待孩子的分数，不过喜、不自悲。有时听到分数下滑，真的会有一股压抑许久的怒火蹭蹭上涌，如果我描述的情况您中招了，请冷静、再冷静，直到自己可以掌控自己，再以波澜不惊的姿态和孩子好好谈一谈。

自从孩子进了学校这扇门，很多家长的心里或多或少不那么淡定了，随着年段升位、考试频率的加快和分数权重的变化，家长在孩子成长过程中似乎淡忘了初衷：希望我的孩子健康活泼，平安喜乐。交流的话题更多的是围绕作业、分数和排名。尤其到了阶段性检测的时候，也是亲子关系较敏感的时期。

作为一名教师也是一位初三学生的家长，这种莫名的小焦虑我也有过，这种焦虑来自对未知的恐惧和对孩子近段时间学习状态的不自信。为了不把这种紧张的情绪传递给孩子，我经常在心底里告诫自己：做我能做的，彼此尽力就好。

家长会后无论孩子分数如何，请给他一个大大的拥抱，毕竟每天十多个小时的高强度学习，孩子真的不容易。接下来拉上全家人开个家庭会议，不谈成绩谈优点，谈要改进的地方，讨论后续问题如何解决、家长如何帮助。希望我们在交谈中能够做到淡而不躁。学习是一项长期而艰苦的任务，不能凭一时好坏定性孩子收获的多寡。重能力，轻分数；多鼓励，少指责。给孩子足够的爱他才能走得更远。

曹纺平：

周老师，既然考试成绩是每个家庭无法回避的话题，那怎么说才能让沟通取得良好的效果呢？

周　慧：

考试成绩是家长与孩子在交流与沟通中无法回避也必须要正确面对的话题。既然如此，家长就要"敢"说，"会"说，"巧"说。

首先，家长要了解自己的孩子目前的学习态度、学习能力和学习状态，与孩子共同确定学习的近期目标和中长期目标；

其次，根据考试成绩，采取横向比较（与学习力相当的同学比、与全班同学比)和纵向比较(与自己比),判断自己在这次考试中是进步了还是退步了,这个进步和退步是不是在自己的预料之中,是不是在合理的范围内,是不是在自己心理承受的范围内;

最后,根据这次考试进行分析和总结,为接下来的学习在学习心理上、学习方法上做好积极的准备和调适。不要把期中考试后与孩子的沟通当作是一场"批评与自我批评"的大会,也不要简简单单地当作是非常难得的教育契机,更不要是以前对孩子的学习漠不关心,考试成绩一出来就"痛心疾首"地教育孩子。就是一次简简单单的考试,就是一次开诚布公的心与心的沟通。无论考得好不好,都帮孩子在心理上减轻压力,同时,自己在观念上也要看淡成绩。

曹纺平:

王老师,您是家庭教育的专家,专业的心理咨询师,您能从心理健康的角度给家长提供一些和孩子谈论学习成绩的锦囊吗?

王　珍:

学习成绩一直是孩子最关注的部分,也是家长最敏感的部分,考试过后,家长如何和孩子谈成绩呢? 怎样的谈话,能促进孩子的学习进一步提升呢? 我认为主要从"谈话的目标""谈话的场合""谈话的心态"三个维度去考虑。

首先,要定好谈话的目标。与孩子谈成绩,家长事先要备好课,定好目标,设计好流程。要把谈话看作是亲子沟通的一种契机,绝不是宣泄不满、批评和指责的时候。谈话中,家长要注重保持和孩子达成一致,同时,也要把自己的情感融入谈话中,多问问孩子的感受,多给予孩子鼓励和信心,多表达自己对孩子的肯定与欣赏,多表示愿意与孩子共同讨论策划,使孩子感受到来自家长的接纳与亲情之爱。

其次,选对谈话的场合。学习成绩是孩子的隐私,也是孩子特别在意的部分。因此,家长要从尊重孩子内在需要出发,选择好谈话的场合。有三种情况不谈。一是有别人在场的时候不谈;二是孩子吃饭的时候不谈;三是孩子心情不好的时候不谈。那么,什么时候谈比较合适呢? 个人建议要在一种比较轻松自然的环境里,比如,家长和孩子一起散步,一起做家务、一起在完成某项任务等让孩子感觉内心比较自在轻松的环境,他们才会畅所欲言,放下包袱,轻装上阵。

再次,要调整好谈话的心态。孩子考试,有成功也会有失败,尤其是进入初中,考试成绩起伏是很正常的事情。因此,家长要做好心态上的准备。特别是当孩子考试失利的时候,家长要通过谈话,表达对孩子的抚慰、接纳和支持。谈话的重点要放在注重孩子的感受,接纳孩子,信任孩子方面,与孩子形成情感上的共鸣,然后,再与孩子讨论孩子考试中存在的问题,下一次考试努力的方向,帮助孩子尽快从失利中走出来,有信心走出新的高地!

成长贴士

斯坦福大学心理学教授德韦克将思维分成两种:成长型思维和固定型思维。成长型思维认为人的智商和才能是可以通过后天良好的教育和勤奋的练习改变的,而固定型思维的人则认为这一切都是天生的。

如果一个家庭具有成长型思维,相信教育的力量,认可努力的作用,就不会过于纠结一次两次的考试成绩。家长传递给孩子的是乐观豁达的态度,他们就不会惧怕失败和挑战,反而会迎难而上,通过探寻适当的策略、坚持勤奋的练习,改变现状,取得成功。

家长用成长型思维看待孩子的学习成长,用上各位嘉宾提供的谈话技巧,会有意想不到的收获噢!

家长要不要参与到孩子的作业中？

作业是老师、学生、家长每天都要面对的事情，是学生巩固知识点，老师检查知识点落实情况的重要过程，而作业的完成、检查、订正也一直是老师、家长头疼的问题。孩子交不上高质量的作业，会给学习带来直接影响；可如果孩子  过度依赖家长的检查，又不利于孩子自主能力的培养。作业的完成仅仅是知识点巩固的一部分，作业的订正同样重要。

那么作为家长，到底要不要参与到孩子的作业中？又应该在孩子完成作业的过程中担任怎样的角色呢？

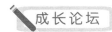 成长论坛

【主持人】

 杭州市景成实验学校赵词慧老师

【嘉　宾】

杭州市景成实验学校洪燕老师

杭州市安吉路教育集团新天地实验学校刘璐君老师

杭州市风华中学沈吉老师

杭州市景成实验学校方妈妈

杭州市明珠实验学校侯妈妈

杭州市教育科学研究院教科所所长郑国强老师

赵词慧：

孩子的成长，不同阶段呈现的特征是不同的，小学阶段往往是孩子养成习惯的重要阶段，那么在这个过程中，家长应该怎样做才能更好地帮助孩子做好作业？首先我们来听听来自老师们的建议——

洪燕老师，您带过小学的不同年段，对小学阶段的孩子有充分的了解，对这个问题，您有什么好的建议能给到家长吗？

洪　燕：

我想首先从家长的心态去谈一谈，家长们往往期望孩子能自觉，而从他律到自律，有一个过程。首先应该明确的是，孩子是完成作业的主体，家长不能越位。当孩子出现作业拖拉或者无法自主完成的情况，家长应起引导作用，应该和孩子一起分析成因，讨论有效措施。其次，作为养成习惯的见证者。养成一个习惯不容易，在这个过程中，可能有反复可能有放弃。家长可以用欣赏的眼光看待孩子做出的努力，及时给予鼓励，给予孩子坚持的能量。

赵词慧：

刘璐君老师，刚才洪燕老师谈到了家长的心态，除了摆正家长的位置和心态外，您还有什么好的方法可以提供给家长？

刘璐君：

从小学阶段孩子的特点来看，我建议家长可以通过以下三步引导孩子自主作业：

首先，帮助孩子启动"作业脑"，即对写作业这件事的预估和准备。比如，在放学的路上和孩子聊聊作业：今天老师们都布置了什么作业？回家后你打算从哪一项作业开始做起？为什么？你觉得哪项作业比较难？你打算怎么解决这个难点？从而引导孩子对回家作业有一个大概的计划，对做作业拖拉的孩子还可以在此疏导并做好约定。

接着,帮助孩子进入作业状态。到家了,孩子休息15分钟后,在干净整洁无干扰的房间里开始做作业。这时,家长可以在隔壁房间做做家务、看看书等,为孩子营造一个安静的氛围。

最后,总结今日作业表现。等孩子做完作业,家长可以和孩子一起查看作业成果,聊聊作业过程中遇到的困难,以及小成就。建议在作业最后环节培养孩子的检查习惯。一开始可以先请孩子自己检查,家长再检查。最终帮助孩子形成检查的意识,养成检查的好习惯。

赵词慧:

小学阶段重在习惯的培养,可到了初中阶段,很多孩子往往因为进入叛逆期没那么"听话",和家长之间的沟通不如小学阶段频繁,这个阶段,家长又应该怎么做呢? 接下来我们有请沈吉老师谈谈她给初中阶段家长的建议。

沈　吉:

作为家长,要参与到孩子的作业中来,但是在孩子完成作业的过程中家长要把握好参与的度,做到"两做两不做"。

一是做学习氛围的营造者。常常有家长抱怨孩子在家自由散漫、做事拖拉,其实家长可以在自己家里营造出一种类似于图书馆或者教室的氛围,把餐桌变成书桌,全家人一起安静学习,这样对于场依存型的学生也会有效果。

二是做专心致志的示范者。言传不如身教,当孩子看到家长们沉浸在自己的工作学习中时,他们能够感受到专注的实际表现,模仿专注者从而进步。

三是不做唠叨的焦虑者。对于初中生,唠叨的积极作用不大,负面作用不少,减少无效抱怨,为孩子节约时间成本和情绪成本。

四是不做全能的代劳者。对于学生而言,学会学习比学会知识更重要,学习计划制订、学习任务分配、作业检查等工作应当由学生自己完成,家长从旁协助指导即可。

赵词慧:

方妈妈,感谢您参与今日的成长论坛! 您对于孩子的学习一直是亲力亲为,在孩子作业方面,您肯定有很多经验可以与我们分享。

方妈妈:

家长要不要参与到孩子的作业中,是因人而异的。学习自觉主动的孩子,自然不需要家长参与,只要给予孩子充分的信任。这是最理想的情况。

而大多数处于七年级的孩子学习自觉性是不够的,家长放任其自由是要不得的。当然,七年级的学习内容相对于我们家长的知识储备,已经有一定的难度了。所以,我认为家长能够参与的,一是学习态度。检查孩子是否及时全部完成当天的作业。随机抽查孩子的订正情况。二是学习习惯。督促孩子做作业不要磨蹭,保证睡眠时间。

赵词慧:

侯妈妈,您的孩子在作业的自主性上做得很好,作为家长,您如何培养孩子作业的自主性呢?

侯妈妈:

关于家长要不要参与到孩子的作业中这个问题,我个人认为是要的。

我觉得家长在孩子的学习过程中应起到一个陪同和做好后勤的作用,而不是做孩子的监工。我会在平常适当地检查孩子的作业,确定孩子今天课堂上的知识点是否落实,有不懂的能及时反映给老师,解决孩子的问题。同时也可以确定孩子的作业是否家校同步,有没有忘记做的,及时查漏补缺。

至于是否有利于孩子自主能力的培养,我觉得其实孩子完成作业后可以自己先检查一遍,发现问题后及时订正,然后家长可以再检查一遍,帮孩子纠正出没有发现的问题,检查孩子作业的同时也锻炼了孩子的自主能力,毕竟考试的时候孩子只能自己检查。但是千万不要一直盯着孩子写作业,她会有压力感,也会厌烦这种一直被盯着的状态,长时间这样,不利于孩子的内心健康成长,孩子们成长路上,离不开父母的陪伴与关心。特别现在进入了青春叛逆期,不再是以前那个跟在父母后面的小孩子了。希望我们父母在百忙之中,多花点时间陪伴孩子,关心孩子,一起帮孩子们度过这青春敏感期,便会越来越好。

赵词慧：

郑老师，您一直走在德育的最前线，想请教下您从专业的角度出发，如何看待家长是否应该参与到孩子的作业中以及参与的"度"呢？

郑国强：

首先，我觉得家长要参与到孩子的作业中，因为孩子的成长是学校教育和家庭教育共同努力的结果。孩子的自主能力还需要提升，孩子作业的自觉性还需要家长的督促，孩子的学习习惯还需要家长培养。家长要培养孩子学习有规律，要与孩子商量几点钟开始做作业，时间到了，要及时提醒孩子去做作业，同时孩子作业过程中要认真督促，不要让孩子做小动作或思想开小差。

同时，我觉得家长在管理孩子作业时也要注意管理的科学与艺术。首先家长要起到榜样和示范作用，孩子作业时，家长可以在一旁看书或做家务，千万不要孩子做作业，家长在边上玩手机或看电视；同时孩子作业时，家长也不要轻易打扰孩子，不要叫孩子喝水、吃水果、吃零食，即使发现孩子作业有错，也不要马上提醒，可以让孩子做完作业后自己检查；孩子作业完成后，家长也不要替代孩子去检查作业的对错，要让孩子自己学会检查；最后，作业完成后，家长要让孩子自己检查当天作业是否已经全部完成；如果孩子在作业过程中，发现有些题目超出了自己的能力范围，家长也要让自己孩子先思考一段时间，如果确实无法独立完成，可以允许孩子到网络上查找答案，但同时也要询问孩子，自己独立思考的时间内哪一步是没有想到的，即使参考答案也要有价值。

成长贴士

美国心理学家马斯洛创立的人本主义价值理论认为，人的行为内驱力来源于人在实际生活中的需要。因此，家长在孩子家庭作业的管理中，应当充分尊重学生学习的主动性和自主性，把培养孩子良好的作业完成习惯作为作业管理的终极目标。今日的"管"是为了明日的"不管"，在家庭作业管理与家庭亲子沟通之间，本身不存在矛盾，科学的家庭作业管理应当以激发学生的主动性为目的，是亲子关系融洽自然而然的产物。

成长话题

"鸡娃"？"佛系"？到底舍不舍得？

"我妈妈爱的不是我，而是考满分的我。"热播剧《小舍得》中颜子悠的一句话，道出了多少孩子的心声。作为家长，是全力以赴"鸡娃"，还是倡导孩子的素质童年？作为孩子，在补习班的狂澜中，怎样看待自己，又有什么想和家长说？作为老师，又怎样看待这种现象？

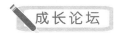 成长论坛

【主持人】

　　杭州市景成实验学校赵词慧老师

【嘉　宾】

杭州市景成实验学校王同学

杭州市明珠实验学校施同学、徐同学

杭州市长青小学汪若莹老师

杭州市景成实验学校周妈妈

杭州市景成实验学校朱妈妈

赵词慧：

同学们，很高兴大家作为学生代表来到今日的成长话题。今天的话题相信大家在生活中都遇到过，每次面对考试成绩，父母总是会提出不同的要求和期望，这个时候，你们的内心是怎么想的呢？父母爱的，到底是考满分的你，还是你自己本身呢？请大家踊跃发表自己对这个问题的看法——

施同学：

这个问题几乎就是我们生活的原版！"你看人家孩子，让家长早点叫起床学习，家长如果不叫孩子早起，孩子还会生气。再看看你，睡下去根本叫不醒。"这只是妈妈平常督促我学习听到的话，如果考试分数下来后，没有达到妈妈心理期望值，她就会开始唠叨，甚至列举所有的缺点，几个小时停不下来。

我认为考试结束后，家长和孩子都要做好情绪管理。作为我，没考好心里已经很难过了，想着回到家劈头盖脸地被批评指责，心里更难受。妈妈知道分数后，控制不好自己的情绪，怒火中烧，最后的结果是我们彼此都很难过。所以我想对妈妈说：我们都要做情绪的主人，不要让情绪的洪水泛滥，越是关键时刻越希望看到平和的你。一时的不好不代表永远，那么多的补习班我也很累，适合我的才是最好的。

徐同学：

"我妈妈爱的不是我，而是考满分的我。"

班级里有一小撮家长喜欢凑在一起聊，他们什么都比，小到放学到家时间，大到考试分数，就是这样的攀比心理，让我觉得妈妈爱的是考满分的我。每次几个家长交流时一边互捧，一边又贬损自己家的娃，回到家还会对我说："你看人家考得多好，再看看你！"一开始觉得是自己做得不好，心里会很自责，听得多了就觉得很烦，烦到控制不住了就会顶过去：他好你让他做你儿子呀。气消了之后又会觉得父母是望子成龙，又会自责起来。

其实,我想告诉妈妈:你拿我和优秀的人比,那我也拿你和优秀的人比,如果你觉得我们这样比来比去你心里不舒服,那我们就要用欣赏的眼光看待彼此。抛开分数,请你仔细看看我,其实我很优秀,只是你忽略了我的好。

王同学:

"我妈爱的是我。"

我认为补习班只是父母想让我们成绩提高,并不是想让我们痛苦,而是想让我们有好成绩,可以选择自己的人生。

我认为我妈爱的是我呀!学习固然重要,我妈在我成绩好时会满足我的要求,而成绩不好时也回来安慰我,应该爱80%的我,爱满分顶多20%。

妈妈不仅爱满分的我,还爱我。虽然满分能让妈妈很开心,可我从来没考过满分,可妈妈却依旧爱着我。

我认为我父亲不仅喜欢我,也喜欢考满分的我。我考得不好不会被骂,但是我和他平时的相处模式也不理想,就像上级和下级一样。我认为补习班会给我带来更大的压力,让我在心理上认为自己很辛苦,但是似乎并没有什么用,每天作业要写到八九点,还有额外的作业,每一科都不多,但几科加起来也有两张卷子了。

赵词慧:

汪若莹老师,您平时和家长也经常打交道,相信无论是"鸡娃"的家长还是"佛系"的家长,都会遇见吧?您又是如何看待这个问题的?

汪若莹:

这是一道没有标准答案的选择题。父母的教育理念大致决定了孩子在小学阶段的成长模式是"鸡娃"还是"佛系"。《小舍得》从孩子的角度展示了过度应试教育的反噬。无论是学霸和学渣,在成长的过程中都会遇见一些问题,没有一条路是最优的,我们能做的首先就是不让孩子成为自己攀比的工具,把自己的心态放平,然后当孩子遇到问题时,一起去克服它。在当下的社会环境中,没有家长和老师可以永远"鸡娃",也没人能一直"佛系",时刻矫正自己的观念,用更健康的心态去呵护孩子的成长才是正道。

其次,在教育这条路上,我们还是希望孩子能培养出自主学习、乐于学习的习惯。读书可以使人明智,读书可以培养人的很多能力,读书有很多隐形的好处。作为家长，不能轻易地选择放弃，我很喜欢龙应台的一段话："孩子，我要求你读书用功，不是因为我要你跟别人比成绩，而是因为，我希望你将来会拥有选择的权利，选择有意义、有时间的工作，而不是被迫谋生。"

赵词慧：

周妈妈，您的孩子在学习上还比较轻松，您平时会因为孩子时间比较充裕而给孩子增加一些其他的任务吗？

周妈妈：

在这个不得不"鸡娃"的时代，我们家长也不能完全随大流，要根据自身孩子的特点来因材施教，有些娃本身吸收好，学校里的教材已经满足不了他们，因此可以适当选择一些额外的培训班，但是有些孩子连课内任务都不能很好吸收，那就应该抓基础，重习惯。

赵词慧：

朱妈妈，您的孩子身处小学阶段，平时您对孩子的学习也比较有规划，您在平时是"鸡娃"派吗？

朱妈妈：

感觉这是一个很难一下子说清楚的问题。我应该是个地道的应试教育的倡导者，认为考试也是一种能力，努力学习必然也会锻炼各种能力。因为我对孩子的教育经验一开始是来自自己的童年，而我那一代人被"鸡"的很少，最多也就是做几本参考书，所以在我的孩子幼儿期我没有打算让他做"鸡娃"，现在也只是在自认为孩子偏离主流教育较远的时候会拉扯他一下，将他往传统教育要求上靠拢，让他不至于和别人差别太大，在想奋起努力的时候已经没有机会。

比如：我认为语文要不断地积累，英语要在小学阶段就建立优势，所以就陪他阅读，给他做阅读课外练习，找机会给他的语文打各种各样的基础，英语从手机上每天学一点单词开始到后来系统的《新概念》学习。其实我也"鸡娃"，只是在选择如何"鸡"上更谨慎，更注重"攻心"。每个假期的计划表中虽然少有各种课外辅导班，可是我对孩子的陪伴，每一项都有对应的应试的影子。上课听讲可能存在问题，暑假就做各种注意力训练的小游戏；计算出了问题，就进行基础运算的练习；感觉思维不敏捷就找本奥数挑战一下。

只是我现在遭遇了困难：孩子缺乏内驱力。所以最近开始看各种各样的教育书籍，寻找适合他的方法。反思自己，真的没为他的综合素质提高做过什么努力，只是觉得这项或那项提高了可以帮助他学得更好，就去做。

成长贴士

1998年英国政府咨询报告指出：人们如今生活在一个"学习时代"，"终身学习"将会是以后人们生活的常态，一个"学习型社会"正在不断形成。而在学习型社会中，学习者的主动性势必是进行知识探索的前提。在孩子作为一个学习者的起步阶段，过于强势的压迫会使教育过程的目的和内容本末倒置，对孩子一生的学习方向与学习兴趣造成影响；同时，如何帮助孩子不断面对生活的挑战，不断面对充满宽度和广度的学习，成为一个合格的学习者，也是家长们终身的课题。在这两方面的努力不矛盾，而是共同滋养孩子，我们既应给孩子学习与成长足够的空间，也应引导与鼓励孩子，勇敢面对成长过程的风浪，不忘学习探索的初心与乐趣。

如何保证网课的学习质量？

　　当代信息技术迅速发展，互联网创造了跨时空的生活、工作和学习方式，知识的获取方式也发生了很大变化。网课作为一种新型的教学方式，已逐渐走进我们的生活，并且以其便捷、省时、高效的诸多特点，深受家长认可和学生喜爱。在疫情来临时，网课更是为"停课不停教，停课不停学"的实现提供了可能和保障。那么，对网课这种现代教学的重要方式，教师和家长该怎样做，才能保证其教学质量呢？

第二章　探寻成长的秘诀

成长论坛

【主持人】

杭州市景成实验学校张底亚老师

【嘉　宾】

杭州市景成实验学校高春春老师

杭州市景成实验学校杨杉杉老师

杭州市景成实验学校徐妈妈

张底亚：

高老师,听家长说,你们班的孩子上网课时听讲非常认真,孩子们在屏幕前也能做到大声读课文,认真做笔记,请问您作为一名有经验的班主任,有什么好的方法和大家分享吗?

高春春：

网课是特殊时期的一种新型的教学方式,我们班的成功经验概括起来就是——依靠同伴互助,如切如磋,如琢如磨。为了让网课的教学质量做到最佳,我有如下几条经验和大家分享：

一是统筹安排,协力互助。作为班主任的我每天一早会先进直播间和小朋友们见面,点好名字,确认没有请假的孩子都在线,给小朋友们打油打气,告诉他们虽然我们在"云端"见面,但是我们仍然要像在教室里一样精神饱满,认真听讲。我会和任课老师及时沟通班级群的消息,互相提醒,助力教学。班级里有隔离学生,需要特别关注;有小朋友独自在家网课,聊天课时多开导他的情绪;有小朋友进步非常大,重点表扬等。授课平台操作互相学习技巧经验更是我们家常的必谈话题。在网课会议室里,我们往往会碰个面,交代好班级情况,交接班后前一节课老师才会安心下线。

二是关注心理,安抚情绪。网课状态下,班主任与任课老师要更加关注每个孩子的心理状况,尤其是被隔离的孩子和独自在家网课的孩子。我们学校专门安排了聊天课,我在谈话课时间专门会找这些孩子聊天,家长里短,天南海北,在闲聊中把握孩子的身心状况,帮助孩子在隔离期间平稳度过。孩子们的情绪安抚好了,上课精神状态自然就回归正常了,学习效率也就能得到保证了。

三是课后辅导,精准反馈。网课时间实在太宝贵了,低段小朋友用眼有时限,前20分钟教师授课,后20分钟学生练习。为了让直播间有一个良好的学习环境,多数老师选择下课后单独辅导学生,这样学生能收到老师一对一的精准辅导,效率又得到了保障。

四是联合互动,家校同步。网课与在校课堂毕竟存在很多不同,有些在校认真的孩子在家学习就很调皮,而有些在校不专注的孩子反而在摄像头下变得认真。班主任老师和任课教师每日都会有选择地与家长进行沟通交流,及时提醒与表扬,促进家校沟通,保障孩子在网课期间也能像在校那样有所学、有所得。

张底亚:

杨老师,您是一位年轻教师,但您的美术课非常受学生欢迎,网上的美术授课更是创意十足,精彩纷呈,请问你是怎么做到的呢?

杨杉杉:

疫情反反复复,给居家美术学习带来诸多不便。学生们手头材料有限,教师无法面对面地指导教学,会让传统的绘画教学效果不强。这时教师不妨考虑转战"玩创式教学",内容玩趣性强,更能吸引学生兴趣,也为枯燥的居家生活增添欢乐。

首先,把握流量密码。数据时代最受欢迎的就是手机、电脑、照片和短视频。我们不如利用居家学习的特殊性,玩一玩摄影、拍视频、P图、剪辑等平日在线下课堂不方便实现的美术教学课程。摄影就有微距摄影、摄影构图等知识可以展开教学,并且在没有相机的情况下,用手机或平板电脑就可以完成作业。摄影摄像教学作业过程有趣不枯燥,作品呈现也较容易给学生带来成就感。教师结合时下新闻事实,如抗击疫情、环保等主题,引导学生用巧妙的构思表现部分无法用语言完全表达的内容,用镜头记录生活,用作品致敬生活中的人与事。

其次,废品变艺术品。考虑到线上居家学习的特点,给学生设计便于操作的美术任务,即利用手边易得的材料制作手工。利用废弃的口罩,堆积如山的快递纸箱,通过奇思妙想打破固有思维,随处可见的材料也能转变成为艺术作品。教师同时要注意升华课程情感,换个视角看待生活,同时让艺术学习变得可操作和可持续。

再有,建立情感链接。一般网课学习,家长都会陪伴在左。在美术教学中,可以邀请家长共同参与,美术内容不仅要吸引孩子也要吸引家长,亲子一起玩中学,玩中乐,玩中进步,建立家庭的情感链接。"以我所学尽我所能"虽然不能冲上一线,但我们通过美术作品能为"英雄白衣战士"们加油,为他们打一束光,与社会建立情感链接。

最后,制作知识胶囊。网课期间,学生长时间用眼会损伤视力。教师可以提前录制好教学微课,或寻找好的教学资源,方便学生特殊情况下自由下载学习。避免线上教学时可能出现的网速卡顿、链接不正常等现象,使得线上教学更加高效。

张底亚:

徐妈妈你好,我们观察到,您的孩子在网课期间仍然能像在教室里一样高度专注,精神饱满。请问,您作为家长是如何创造条件,保证孩子高质量听课呢?

徐妈妈:

居家网课时间一长,日子就会由最初的新鲜而混乱逐渐过渡到平淡且有序。孩子如何做到居家网课与在校上课一样精神饱满,听课质量高呢?我有如下几条经验和大家分享。

首先,作息时间不能大变。仍然要像在校学习那样早睡早起,不因为居家网课不需要出门就晚起晚睡。可以把原本上下学途中需要花费的时间安排为做核酸的时间;如果不需要做核酸,也可以把这段时间交给娃自由安排,比如晨读晨诵。晚上上床睡觉的不能超过平时上学时的睡觉时间,保证睡眠充足。

其次,按照老师的要求事先做好网课所需的准备工作。如,把网名改为孩子的学号姓名,方便老师点名认人;提醒孩子要像在校上课那样,下课后做好下一节课的课前准备,课间10分钟适当放松身体、眼睛,但不玩玩具以免"心旷(课)神移";保持桌面整洁,有利于头脑整洁,思维顺畅。

最后,找一个合适的时间,像朋友一样与孩子聊一聊上网课的感受。以"朋友"的角色,倾听孩子的心声——上网课与在校上课相比,有什么更有趣的地方,或是有困难的地方……以父母的角色,告诉孩子无论何时何地,以德为先——注意课堂纪律,不能影响老师授课或其他同学听课;德才兼备——认真听课,好好学习是作为学生理应担负起来的责任。此外,老师布置的书面作业尽量在平时放学时间前完成,以保证课后有足够的时间娱乐、运动和阅读。

学习是孩子生活的一部分,但不是全部。疫情期间,我们的身心被迫禁锢在有限的空间里,本已是一件让人不那么愉快的事情;作为成年人,我们此时此刻更应该和孩子一起好好生活,积极面对困难。我们要呵护好孩子的身心健康,才能让孩子有意愿、有信心投入充满挑战的学习中去,成为他们心目中理想的自己。

成长贴士

网络教学是互联网时代的产物,未来势必成为学生学习的一种重要方式。教师和家长不能谈"网"色变,全盘否定。我们要以开放的心胸、拥抱的姿态迎接互联网时代网络教学的全面到来。教师在研究学情研究教材的基础上,还要研究网课期间学生的心理特点和居家学习的局限性,因地制宜,因材施教。家长也要运用智慧正面引导孩子使用网络,保护孩子用眼卫生,扬长避短,努力让孩子学习质量得到保障。

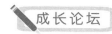
成长话题

名额分配生太"鸡肋"，
该不该放弃？

在重要的"一模"考试之后，初中学校陆续会开展分配生的选拔工作，这也是让学生和家长非常纠结的时刻。今年一条《一模考砸，分配生名额太"鸡肋"，该不该放弃》的帖子引发了讨论热度，部分学生由于考试发挥不理想影响了整体排名，和心目中的理想学校之间存在距离。当出现

这样的情况时，是选分配生还是拼中考？让我们一起来听听不同的声音。

成长论坛

【主持人】

杭州市景成实验学校方文琳老师

【嘉　宾】

杭州市景成实验学校王荣平老师

杭州第十四中学郑妈妈

浙江大学附属中学赵华栋老师

方文琳：

王老师,您是运河特级班主任,也是九年级毕业班的班主任,您的学生一定也出现了是选分配生还是拼中考的纠结现象,您会如何引导和鼓励他们呢?

王荣平：

选择就意味着放弃,放弃也是一种选择。选择了这所学校,就意味着放弃另外的所有学校;放弃这所学校,就意味着选择了为所有学校埋头拼搏一个月。孰得孰失?

如果我们的孩子眼睛只盯着中考,得失心会很重。谁的中考都有失利的可能,选择分配以求保险的想法无可厚非。其实,世上没有万能险。选择了分配的人,也是要中考的,将来也要高考的。因此,接下来的一个月,分配生是要为高中奋斗的。选择了,就坚持自己选择的学校,千万不要怕自己太努力,将来考的分数高于分配的学校,怕浪费。功不唐捐,高分意味着高学习力,意味着进入高中后也可以更胜一筹。建议选择分配的同学继续跟着中考复习的内容走,把初中的知识夯实,训练自己手脑协调的速度。

但选择放弃的同学,一定要为自己的勇气鼓掌。破釜沉舟的决心,值得点赞。背水一战需要更冷静的心态、更强劲的行动、更科学的方法和更执着的信念。

最重要的一点,作为班主任,我一直都是孩子们坚强的后盾,积极发挥团队精神,用集体的力量来鼓舞每一个孩子,用行动的脚步丈量梦想,把精力集中放在自己的行动上。我们的教师团队也一定会为学生们指引方向、呐喊助威!

方文琳：

郑妈妈,您是今天论坛的家长代表,我了解到去年在"坚持分配"和"拼中考"问题上,您和孩子也经历了一番纠结,最终你们是如何做出抉择的?是否愿意和家长朋友们分享你们的故事?

郑妈妈：

回忆去年那段时光的心路历程可谓是跌宕起伏。选择分配,如果中考发挥失常,则会庆幸;但如果中考发挥得好,则会遗憾自己没坚持去拼一拼。相反，如果选择拼裸考，中考考差了，一定会遗憾当初的放弃；但如果考得好，喜悦与成就感是双倍的，放大了说，那种敢于在暗夜里追逐星光的精神与勇气，会影响孩子的一生。

关于对孩子影响重大的决定，作为家长，我们尊重和听取孩子的意见。通过召开家庭会议，我们重点关注以下问题：一是充分地了解孩子的长处和短处，以及在学业上的需求；二是公正客观地分析孩子目前所处的层次，以及与目标之间的距离；三是尽可能了解孩子所选择高中的情况与特色，当然，未来的目标和家庭情况也是考虑的因素之一。在与孩子深入剖析以上问题之后，无论孩子做出怎样的抉择，一定都是以对自我有一定认识和有明确方向为基础。让孩子勇于挑战，做出人生关键时候的选择，也是一种很宝贵的经验。

决策后，无论孩子是否选择分配，家长的态度和做法也是很重要的。去年，孩子选择了放弃分配生，勇敢拼中考。虽然我的内心要和他一起煎熬，但我争取首先做到平和心态，从容面对；其次信任孩子的抉择，理解尊重，把他的责任还给他，允许他自己去面对；最后协助提醒，适度爱护，只有采取科学的理念、合理的方法才能帮助孩子勇敢去拼，无悔选择。

方文琳：

赵老师，从目前看，"名额分配生"已成为进入高中的一条非常重要的升学途径，但部分九年级学生遇到了名额分配学校"鸡肋"的问题。您作为高中老师能否给九年级的孩子一些意见呢？

赵华栋：

首先，建议学生对几所目标高中的实际情况进行详细、准确、全面、深入的了解，如招生情况、硬件条件、距家远近、竞赛体系等，综合评价心仪的高中是否能为自己的未来提供新的广阔天地。

其次，真实而严谨地分析自己的学习情况，做出正确的、最适合自己的选择。通过模拟考试了解自己的成绩水平，仔细分析考试得失：是知识点不够牢固，还是计算出现了问题？是粗心大意了，还是这些题型压根就不会？是没有掌握解题方法，还是没有这个思维层次？建议采用成绩统计表记录考试的成绩，以便把数据统计处理，做出一些统计指标来查看自己情况。但请记住：一时的挫败，并不表示从前的努力都是错误；一时的成功，更不代表从今以后都不必再努力。

最后，学生的心理承受能力与耐压抗挫能力也是做选择时需要考虑的一个很重要的因素。面对考试失利，一些学生难免会有情绪波动，对自己产生怀疑。对于毕业班的学生而言，做好承受压力、经受挫折、忍耐寂寞的心理准备很重要，学会不被打乱节奏、调整心态也是很重要一课。

成长贴士

所谓中考分配生，是指符合资质的普通高中拿出部分招生计划分配到一定范围的初中学校招生，主要根据初中学校的人数等因素来决定分配到各校分配生名额。自2021年起，杭州市中考新政出台了分配生的新政策，原先的高中保送生被名额分配生取代。在学生自愿申请基础上，初中学校对申请的学生进行综合评分，并按综合评分排名的先后位次，由相关学生依次自主选择学校。所以综合排名越靠前的学生，能选择分配的学校也就越多。

浙江省教育厅在《关于做好2022年普通高中招生管理工作的通知》中明确指出，分配比例不得低于学校招生计划的60%，分配名额应当以初中毕业生人数为主要依据按比例分配到初中学校，并向农村初中倾斜。不得跨区域分配指标，防止跨区域"掐尖"招生。那么，如何成为分配生呢？从理论上说，只要具有初中学校在册学籍号并在学籍所在学校就读的应届毕业班学生都有资格，但是因为分配生人数有限，所以还需要综合学生的身心健康、学业优良、综合素质等级评定等各方面的条件，当然，学生的学业成绩是最重要的依据。

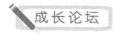

成长话题

如何来帮助孩子提高"纠错"的能力？

在学习的过程中,有些孩子养成了"纠错"的好习惯,很少犯同样的错;有些孩子刷很多的题,但对错题却视而不见,经常一错再错。

双减背景下,"题海战术"被摒弃,利用节省下来

的时间整理自己做过的题目越来越成为提升学习效果的好办法。那么,我们如何来帮助孩子提高"纠错"的能力呢？

成长论坛

【主持人】

杭州市风帆中学方钧老师

【嘉　宾】

杭州市青蓝青华小学崔琳妮老师

杭州市风帆中学江安婷老师

杭州市风帆中学张爸爸

杭州某作业管理系统顾经理

方　钧：

小张同学是班里公认的"学霸"，她不仅上课认真，纠错作业也非常整齐美观，还有复习的痕迹。请问您平时是怎样引导孩子对待她的纠错的？

张爸爸：

养成良好的学习习惯对孩子非常重要，女儿的学习还是比较自觉的，她的纠错作业都是自主完成，几乎不需要我们家长催促她完成。在刚踏入初中的第一个月，我就给了她三点建议：

第一，各学科分别准备一本稍厚的纠错本，整理的错题必须完整有效。

第二，以周为单位将一周的错题整理到纠错本中，做到充分地理解并能举一反三。

第三，以月为单位温故已有的错题集，已完全掌握的则标注区分，复习时可以略过。

方　钧：

小学是孩子培养学习习惯的关键时期，作为小学高段的老师，您会怎样指导孩子使用错题本？

崔琳妮：

错题本是一个不断将错题回炉淬炼的载体，它贯穿于学习新知识、温习旧知识的始终。从错题找出知识点漏洞、找出作业中个人习惯、思维等方面的弱点，加以修正完善，这才是错题本精髓。提高错题本的利用率，我们可以从以下几个角度来思考：

第一，什么样的错题值得整理到错题本？

第一类是"不会做的题"，对于知识运用性错误，重做一遍两遍错题是十分必要的；第二类是"不确定的题"，对于模棱两可似是而非的错题，通过回顾，可以有效地巩固新知；第三类"会做却做错了的题"，这类问题最容易被学生忽视，常常会自以为是地认为下次注意就行了，自己是不会再犯这个错误的，然而，往往却事与愿违。

第二，怎样整理错题本？

整理错题本不只是错题的罗列，最重要的是要写清楚所涉及的知识点、解题方法以及错误的原因。

第三,什么时候使用错题本?

记错:建议是当天完成错题的摘录。在学生记忆最清晰的时候完成记错,内容会更加完整精确。

改错:建议在记错完成的周末进行改错。这样做的好处是,孩子对错题有一定印象,但不会很清晰,重新做错题,更易唤回老师当初的讲解,加深印象。另一方面,不占用孩子作业时间,不容易导致孩子产生厌倦情绪。

方　钧:

江老师,您带的孩子们已经进入初三冲刺阶段了,这三年来,对于纠错作业,你给了学生怎样的建议?

江安婷:

题海战术在"双减"的大背景下已经逐渐失去活力,因此更需要学生学会整理归纳梳理同类知识点。错题本是非常好的方式。初中的学习中,文理科的思维方式和解题方法已经有了很大的差异,因此对于纠错作业,不同的学科有不同的做法。

在理科学习中,我建议同学们每天花费10~15分钟,认真思考前一天作业老师批改后的错题,理解题意本身,发掘背后知识点,哪怕一天只弄懂一个题,有条件的情况下找一个相似的题检测、巩固,那么一天就落实了一个知识点。这对于知识点明晰的理科学习非常有帮助。

文科学习较理科学习最大的不同,更在于它知识面广,更需要同学们多看、多理解、多发散思维。想要取得好成绩,必须做好积累,很多同学头疼的字音字形、文言文一词多义、写作,都可以用积累本的方法解决。每天摘抄一小段好词好句,哪怕20多个字,摘抄的同时可以联想怎么样的场景可以用上这段好词好句,并用发散性思维仿写类似的句子。至于基础部分,使用活页本将自己容易错的字音、字形、字义分类整理摘抄,一学期下来的积累量也不可小觑。

到了复习阶段,同学可以回顾自己的错题本,再次温习如果还有不会的题目,继续拿别的本子记录。错题本从薄变厚慢慢积累,再从厚变薄慢慢消化。

方　钧：

顾总,贵公司主要的业务是开发的作业管理系统,这个系统能怎样帮助孩子养成纠错的习惯?

顾女士：

"不积跬步无以至千里,不积小流无以成江海"是我们耳熟能详的古语,积少成多的道理我们从小就知道。时间对于每个人都是公平的,如何在有限的时间里提高孩子的学习效率是全社会都在关心的问题。

我司针对目前的双减政策开发了作业管理项目,通过校本作业设计、校本题库搭建、日常作业分析、作业量管控、日常检测试卷等方式帮助教师、家长掌握学生的学习动态,也通过数据收集帮助孩子将每周的错题整理成电子版本。

我们的项目将学校在用的教辅资料电子化,生成可再次提取并改编的校本题库以供老师、学生长期使用。学生的个性化数据报告以及教师版班级或年级分析报告都会及时发布在平台上,以便师生及家长掌握学习动态。本项目系统平台通过大数据分析以及知识点难易度等方式初步筛错题对应强化题,并由项目中负责教研的老师进行二次筛选以提高强化题精准度。每位学生根据自身知识点错误均可拿到一份属于自己的个性化报告,含学情分析报告、个性化错题原题、个性化错题强化题以及对应的分析答案。配合老师需求形成周测试卷,对学生的错题掌握度进行检测,其构成建议加入错题重现内容以及本周新知识点内容试题。上传本项目平台后,会生成考试数据报告分析以供老师讲评使用。

一个优秀的孩子离不开家长、学校、社会的多方的引导,想要孩子学习成绩提高,最重要的还是家庭中的学习氛围和学习习惯的培养。

🔖 成长贴士

德国心理学家艾宾浩斯通过实验发现,信息输入大脑后,遗忘随之开始;遗忘率随时间的流逝而先快后慢,特别是在刚刚识记的短时间里,遗忘最快,这就是著名的艾宾浩斯遗忘曲线。

遵循艾宾浩斯遗忘曲线所揭示的记忆规律,对所学知识及时进行复习,这种记忆方法即为艾宾浩斯记忆法。及时纠错就是艾宾浩斯记忆法的主要方式。学习的内容在讲评时相当于第一遍的巩固复习;如果当天纠错,及时整理,这就完成了两遍的复习;每周检查纠错本则是第三遍的复习。

　　纠错是符合科学规律的学习活动,及时复习是查漏补缺的最佳选择。每一个纠错都需要态度端正,专注于整理好的思路和方法,总结做题的规律,并延伸拓展,完成知识的迁移。

营造成长的环境

马克思说过，人是环境的产物。孩子成长的环境对孩子的身心发展有着潜移默化的影响。越是生活在和谐、和睦成长环境中的孩子内心越是积极阳光；而成长环境多变故的孩子，则要么变得特别坚强，要么容易变得脆弱敏感。现代研究表明，成长环境严厉有余、活泼不足的孩子多会形成内向、自卑、怯懦的性格；从小被宠溺则容易养成唯我独尊、目空一切的性格……成长环境是人生学习成长之中最重要的影响因素，是个人性格、行为习惯形成的根基。

什么样的环境才是适合孩子成长的环境？

一个井井有条、温馨和睦的家最能满足孩子成长所需要的安全、稳定、支持、依靠、呵护与关爱。一个积极向上、锐意进取的班级最能促进孩子学习所需要的榜样、示范、合作、团结、分享与友情。我们听到过这样一句话："最好的学区房就是家里的书房。"我们也听到过这样的话："最好的教育就是爸爸妈妈贴心，老师用心，孩子开心。"因此，在营造孩子健康的成长环境中，家长和学校目标一致，互相信任，善于合作，实现家校共育，是最理想的途径。

促进孩子的全面发展，让孩子真正快乐地成长，家庭和学校始终扮演着重要角色，需要发挥互相补充又不可替代的作用。立足于家校共育的重要性，教师和家长如何更好地沟通？如何从源头上化解家校矛盾？如何形成更科学的家校共育制度？如何引入社交软件、加强责任划分、组织开展活动等多种策略，力争强化教师和家长之间的合作？这些都需要教师和家长一起去思考，一起去研究，一起去实践。教师和家长都要学着主动换位思考，实现与家长之间双向的价值认同；信任，并且相信信任的力量。

良好的家校共育应该以活动为引领，协同发展，使教育得以走向自然，走向社会，走向多元化，形成一个更加开放、更加生动的德育系统。我们希望通过这一章节的探讨，聚焦教育观念，聚焦学校家庭教育指导理念与方法的提升，引领教师、家长树立全面发展观念，搭建身心互动的平台，引领养成乐学、健康的生活方式，提升陪伴和关心的质量，实现家庭生活、学校生活和社会生活的融合与多维互动，深化家校共育内涵，提升家校协同育人质量。

面对"老大难"学生，
教师要如何与家长沟通？

　　每个老师，或多或少都会遇到这样的学生：或者行为习惯不太好，或者学习习惯不太好，或者行为习惯和学习习惯都不太好。这些学生常常有一些令老师头疼的表现，比如：与同学发生矛盾和冲突，回家作业不按要求完成，课堂上影响其他同学学习等。

　　解决这些问题，教师往往需要联系家长，依靠家长。实践证明，只有家校间建立起良好的协同教育的机制，才能更好地帮助孩子，解决问题。但是，因为这些学生的问题一般情况下总是反复出现的，有的家长可能已经"见怪不怪"了，有的则是"习以为常"了，教师经常"告状"，有时甚至会引起家长的反感。

　　面对这样的"老大难"学生，教师需要如何与家长沟通呢？

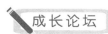 成长论坛

【主持人】

 杭州市拱墅区教育研究院学生成长研究中心副主任周慧老师

【嘉　宾】

杭州市东园小学沈熠老师

杭州市景成实验学校洪燕老师

桐乡市第三中学朱永春老师

周　慧：

沈老师，我们知道您是一位有着丰富经验的班主任，您认为教师与这些"老大难"学生的家长沟通，首先需要关注的是什么？沟通的最佳切入点又是什么？

沈　熠：

我们在与"老大难"问题的同学的家长沟通前，首先应该先区分孩子的年龄段。如果是低年级，在发现问题最初的时候，肯定是需要老师及时、频繁地去和家长沟通的，事实证明，很多孩子的问题，确实是可以通过与家长的沟通，帮助他们逐渐改变的。但有些问题如果到了高年级依然存在，这时才去和家长沟通，可能效果就已经打折扣了。这个时候，与其寻求家长的帮助，不如尽量考虑直接与孩子对话。

其次，教师要看清楚孩子问题的本质，争取沟通时能一击即中。就是在沟通前，把问题的根源在哪里、希望家长怎么配合等沟通内容都准备好，教师可以多准备一些家校合作的成功案例。准备充分才可能实现家校共育，达到双赢。还有一点，沟通时，我们的老师要有换位思考的同理心，不要动不动拿出一副告状的模样，多站在家长的角度看问题，提建议。

最后，孩子有进步时，教师需要及时告知家长，让家长能够感受到在学校和家庭的共同努力下，孩子正在不断发生改变，获得成功感。

周　慧：

洪燕老师，您一定也遇到过这样的情况吧，能不能跟我们讲讲，您是怎么跟家长沟通的？有没有什么诀窍？

洪　燕：

看到这样的"老大难"问题，我不由脑袋一紧、头皮发麻。我曾经也曾遇到过这样的问题。在一番"斗智斗勇"之后，现在再回过头去思考，我想到了三个关键词——开心、童心和慈悲之心。

以开心为本，卸心防促合力。有句话说如果你不能左右生活，请你左右快乐。这个问题已经让孩子、家长和自己都不快乐了。据我观察，"放任不管"的家长更多的是"无能为力"，只能用"佛系""愤怒"来武装自己。从老师开始，先改变心态，尽量让自己放松下来，让家长也放松下来。给家长传达一个信息。这的确是个问题，但我不是来告状的，只是来解决问题的。卸下家长的心防，将家长拉入自己的阵营，形成家校合力。

第二个关键词，童心。以童心为本，找方法给策略。孩子不是一个完美的人，总会犯错误。习惯不好也好，学习不好也好，只是他的一面。这只是他要解决的难题，只不过这个问题解决起来比较困难而已。我们和家长一起，站在孩子的角度考虑，想想如果我们是孩子，我们遇到这样的问题，想要改变，会遇到什么困难，我们能给孩子提供什么帮助，和家长一起，看看各自能给孩子什么样的帮助。

第三个关键词，慈悲之心。慈悲为怀，客观看待反复期。在解决问题的开始，就抱着慈悲之心，做好心理预期，认识到反复期的存在是正常的。我们此时要做的，是思考用什么办法安抚孩子、鼓励孩子，帮助他们时常自省，给予孩子力量，成功度过一个个反复期。

陶行知说过："最好的教育是什么，往简单方面说，只须一句话，就是养成良好的习惯。"反过来说，也足以见得要把坏习惯改掉是多么困难的事。所以作为老师的我们，要联合我们的家长，形成同盟军，做好持久战的准备，帮助我们的孩子，打败坏习惯。

周　慧：

朱老师，您是浙江省特级教师、正高级教师，是工作在一线的德育专家，您觉得这些学生之所以会成了"老大难"学生，其根源是什么？教师可以如何帮助这些学生，如何帮助这些学生的家长？

朱永春：

我想说的第一句话是："知困当自强。"这句话，要送给所有的老师，送给所有的家长，特别是家长。近些年，有一个词语相信大家都听到过，叫作"拼爹"。拼爹，似乎是一句潮话，但其实古已有之。古人云：养不教，父之过。

这句话是什么意思？这句话其实就是在讲孩子的成长，孩子的成功，父母很重要啊。

的确，父母是孩子的第一任老师，父母的素质常常决定了一个孩子的行为表现与思维方式。所以，带班好像也要"拼爹"：班级问题生多不多，源头就是"问题"家长多不多。

但那古语还有下一句：教不严，师之惰。也许我们会立马喊冤：我们严格要求学生，又如此勤快地去联系家长，难道还不够严与勤吗？在新的教育背景下，我们切不可把"严"简单定义成对学生的管束。"严"应该是对教育科学上专业研究的严谨。遇到问题不当课题研究，而只是归因于家长不配合，实质也是"师之惰"。

教然后知困，然后能自强。我们何不在这几个学生完成作业的日子给家长发个短信说孩子今天作业及时完成？在不打架的日子为其言行文明点赞？建议大家重温陶行知"四块方糖"的育人故事，我们会看到一条比批评、告状更迷人的教育路径。

成长贴士

2022年1月1日，《中华人民共和国家庭教育促进法》正式施行，这是我国首次就家庭教育进行专门立法。法律明确未成年人的父母或者其他监护人负责实施家庭教育，不仅需尽家庭教育之责，还需正确地尽责。

众所周知，一个孩子的成长过程，离不开学校教育，但学校教育没有家长的支持，也难以成功，学校和家庭是一对不可分离的教育者。家长是孩子的第一任老师，老师同样也肩负着教书育人的重任，从这个意义上说，家长和老师是同一出发点上的队友，是教育孩子、陪伴孩子成长的共同体。家长和老师这对队友，需要信任与配合。

《中华人民共和国家庭教育促进法》明确指出，家庭教育、学校教育、社会教育紧密结合、协调一致。父母或者其他监护人应当树立家庭是第一个课堂、家长是第一任老师的责任意识，承担对未成年人实施家庭教育的主体责任，用正确思想、方法和行为教育未成年人养成良好思想、品行和习惯。

这是从法律意义上明确了家长教育孩子的责任。如果教育是一棵大树,父母的爱和教育就是根基,而学校和老师的教育就是枝干,双方配合才能开出赏心悦目的花朵。

成全的智慧
CHENGQUAN DE ZHIHUI

如何从源头化解家校矛盾?

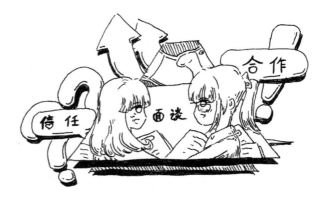

金杯银杯不如老百姓的"口碑",社会美誉度是衡量现代学校办学水平的重要指标。但一所学校少则几百人,多则几千人,师生之间、家校之间难免有相互不理解。不少家长遇到这种情况不是联系老师或校长,而是联系12345。

信访是维护群众合法权益,促进社会和谐稳定和教育事业健康发展的重要手段。随着信访手段的不断多元和便捷,学校有时会面临严重的"信访危机",而很多的"信访危机"不是因为事情本身难以解决,而是因为沟通不畅或误会。

作为老师,如何及时发现家校矛盾,并与家长做好沟通,从源头上化解矛盾,不让简单的事情演变成"信访危机",甚至"群访事件"呢?

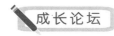 成长论坛

【主持人】

 杭州市安吉路实验学校副校长吴海燕老师

【嘉　宾】

杭州市东园小学宋祎敏老师

杭州市明珠实验学校吴权老师

杭州市青蓝青华实验小学校长吕晓丽老师

吴海燕：

宋老师，有人说，很多家校矛盾的出现是因为家长与老师，特别是与班主任老师之间发生误会，作为班主任，您如何让家长充分信任自己呢？

宋祎敏：

从源头上化解家校矛盾或误会，重要的一环就是家长与班主任之间的沟通与信任。首先，在新生入学的第一次家长会就和家长建立起沟通的桥梁。告诉家长，学校和家长的共同目标都是孩子的健康成长，如果有什么意见和建议，请不要有顾虑，第一时间找班主任沟通，也可以通过家委会等途径和学校沟通。

其次，每一次学生在校发生小情况，作为班主任都要第一时间和家长取得联系，让家长知道孩子在学校的情况老师都及时处理，非常关注。比如有同学手划破了，或者是在走廊里发生冲撞摔倒的事情，我都会第一时间与家长取得联系，这样会减少家长在家从孩子口中得知伤害时的担心和愤怒，能让家长增强对学校和老师的信任。

再次，作为班主任要经常主动和家长取得联系，特别是调皮学生在学校发生的好转，要及时告知家长，让家长感受到老师对自己的孩子没有偏见，去发现孩子身上的闪光点，鼓励孩子继续进步。让家长感受到来自老师的不偏不倚的关心。另外，班主任老师细心一些，多关注孩子在学校的感受和生活，遇到困难及时帮孩子解决，这样家长遇到问题，第一时间也会主动与班主任老师沟通，希望通过班主任能帮忙解决。最后，与家委会常常沟通，倾听家长们的意见和心声，让家委会成为沟通的桥梁，平息化解误会的概率也更高。

相信人与人之间建立了互相信任、互相理解的沟通方式，很多危机都能够化解。

吴海燕：

吴老师，您是国家二级心理咨询师，也是杭州市学生心理热线咨询员，杭州市家庭教育讲师团成员，您对于班主任有什么建议呢？

吴　权：

我们要合力打造"无信访班级"。家长想要信访，肯定事关自己孩子，情急之下，通过信访来解决问题。如果家长这样做了，那就说明他对我们班主任还不够信任，家校之间出现信任危机。所以，班主任要加强家校沟通，合力打造"无信访班级"。

第一，小日记大功效。班主任可以让孩子们坚持写日记，通过日记班主任及时掌握班级里每个孩子的思想动向，了解学生背后的家庭情况，做到知己知彼，更好地帮助孩子疏导他们面对的困惑。

第二，设立班主任接待日。根据存在的情况，班主任把自己没课的时间公布出来，分批次、看情况邀请家长，欢迎家长来校面对面交流。当然，每个交流都是有主题的，都是为了集中解决一个问题，那么，在想要交流的家长中，班主任也要做到甄选，对于不需要参加本次访谈日的家长婉言回绝，下次再邀请。

第三，建立温馨的家委会。班级大事、班级公约、班级文化等班级筹建工作可以经常和家委们沟通，诚恳邀请家委们为班级建设献言献计，做好家委会的沟通协调工作。家委们力挺班主任，那么，很多家长的思想动态也会私下里跟班主任沟通，便于班主任及早做出解决方案，化危机为契机。

第四，电话畅通。告诉家长随时来电，随时沟通。当今，通讯便捷，QQ、微信，随时随地可以沟通，班主任有些时候事情比较棘手，接不到电话或看不到消息，为避免家长误会，可以把自己空余的时间段告诉家长，建议家长若非情况紧急，可以在空余时间来了解情况。

第五，全员德育。发挥任课老师的力量。根据学生情况，跟任课老师沟通，让任课老师签约几名学生，及时和学生及家长沟通。让家长时刻能感受到这个班集体的温度，感受到来自班主任和任课老师对孩子们的关爱，建立良好的家校信任关系，这样很多小矛盾都能及时得到化解。

吴海燕：

吕校长，您认为学校出现"信访危机"的根源是什么？作为校长，您会采取什么措施尽可能减少家校矛盾的产生？

吕晓丽：

家校共育是教育的共识。只有家校思想统一，齐心协力，教育才能事半功倍。一般的家校矛盾都可以在学校内部解决，如果矛盾突出，导致信访，那一定是家校沟通出了问题。"家校矛盾"通常是家长和教师在孩子的教育问题上，由于自身职责和教育方式的不同而产生的冲突。据我的观察与了解，目前中小学"家校矛盾"比较突出地集中在学生课间不当交往造成的伤害以及学生课外过重的作业负担上。

怎样及时发现家校矛盾，与家长做好沟通，从源头上化解矛盾？我认为，可以从两方面入手：

首先，老师要增强主动沟通的意识，功在平时。有的老师或许认为平时没什么好沟通的，家长工作也很忙；有的老师觉得自己很年轻，似乎没有太多话可以跟家长聊；有的老师觉得平时太忙了，也没有太多时间跟家长沟通；等等。如果有这些顾虑，会导致平时沟通不多。沟通少了，相互了解就少，感情自然也就淡。其实，家长从主观上都希望和老师多亲近、多联系，希望孩子得到老师更多的关注和认可。老师在和家长的日常沟通中也会获得信息，从中能发现一些问题，尤其是对于一些特殊性格（如多动、任性、遇事偏激等）的学生，课间要多加观察，帮助孩子分析冲突产生的原因，关照到孩子的情绪，正确引导，及时纠正不良行为，及早预防和规避因与同学不当交往而造成的伤害。有些小摩擦或者小矛盾，如果及时得到了解答和处理，那么小矛盾就会被消灭在"萌芽"状态，在学生之间就可以得到解决。所以，我认为，千万不要等出了问题才想着去和家长沟通。平时，老师就要定期和不定期与家长沟通，增强主动沟通的意识，以平和、冷静、理性的心态帮助家长解决孩子在与同伴交往过程中出现的问题，从而和家长建立情感，取得家长的信任，许多矛盾就能迎刃而解。

其次，老师要注意沟通的方式和方法，贵在智慧。沟通的方式非常重要，它常常会决定沟通的效果。老师要善于利用各种家校沟通平台，进行有效引领。在班级的大群平台上群发信息，一定要以正向、鼓励、引导为主。老师们可以分享自己的教育观点、教育理念；发布孩子们在学校的日常生活、学习成果、班级特色等情况；讲述班级的教育故事，表扬特别进步的孩子，分享班集体的点滴成长，让家长充分感受到班级的班风、班貌，感受到老师认真的教学态度和严谨的治学精神，感受到老师的爱心、细心和责任心，从而激励家长，取得他们更多的理解、支持和信任。尤其是一些需要家长配合的教育任务，比如安全知识教育平台等，要向家长科普相关的操作方法，理解家校共育的意义；科学精准布置课外作业，厘清家校之间的责任边界，该老师批改的作业或教学内容绝不推给家长；家长重在督促孩子养成良好的行为，不越位，不干涉或干预老师的教育教学行为。对于学科上涉及个别孩子的问题，建议老师一定要与家长点对点个别沟通，千万不要简单在大群里"发布"，以免伤害孩子和家长的自尊心。点对点个别沟通，在真诚指出孩子问题的同时，更要给予家长一些合理化的建议，这样让家长感受到老师真切的关爱，取得家长的认同和配合。

成长贴士

沟通心理学告诉我们，沟通，绝不仅仅是谈话，它包括言语沟通和非言语沟通，是一门与人际沟通相关的社会心理学。沟通有三个基本过程。

第一个环节是信息编码。信息的发送方会将自己想表达的想法组织为语句、手势、动作等符号来与接收方沟通。影响这个环节的因素有发送方对于语句的选择、个人的语言能力等。这就告诉我们，在传递信息的一开始，我们就要注意尽量正确、合适地表达自己的意图，语句选择得越恰当，语言组织能力越强，那么编码过程就越容易，沟通效果自然也越好。

第二个环节是通过沟通媒介传递信息。口语是我们最常用到的沟通媒介，但在其他场合，我们有可能还需要利用其他沟通媒介，比如通过家长群传达学校的一些要求，布置班级的一些任务，不同的沟通媒介有各自不同的效果，当然也有各自的注意点。

第三个环节是对信息进行解码。当发送方将信息通过沟通媒介传递到接收方这边时,接收者要对信息进行解释并且赋予它意义。这个过程称为解码,是沟通过程中的最后一步,是理解信息的一个过程。实践表明,沟通中出现的问题大多数是出现在这个阶段,因为人们经常根据自己的心理需求和动机解释信息。所以,教师需要提供给家长一套准确的解码系统,让家长能准确地理解教师发出信息的意图。

成长话题

到底该不该有"群规"?

"各位家长：经家委会讨论决定我们班的班服已定，我把购买链接发给大家，谢谢！

女孩子还是白色的袜子漂亮。

经过讨论，女孩子的袜子是黑色的。

到底是白色还是黑色？家委会的同志搞搞清楚再发嘛。

班主任要出来说一句的。

有点乱哦！！！

我们家委会是无偿劳动，希望得到大家的理解和尊重哦！

@#￥%￥……★&★"

以上是某学校班级微信群家校沟通的一幕。据了解，几位家长后来在班级微信群里互怼，场面混乱，几度翻车，班主任束手无策。最后还是学校领导出面调停，矛盾方才平息。

有调查表明，当前80%以上的班主任在利用微信、QQ或者钉钉家长群进行家校沟通，运用社交网络开展家校沟通已成为班主任的普遍做法。这意味着，如何通过社交网络做好家校合作已成为每位班主任必须认真对待的课题。那么，班级群究竟可以讨论哪些话题？是否需要制定"群规"呢？

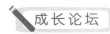
成长论坛

【主持人】

杭州市朝晖实验小学余昌文老师

【嘉　宾】

杭州市景成实验学校赵词慧老师

杭州市东园小学陆雯婷老师

杭州市安吉路教育集团新天地实验学校吕妈妈

杭州市青蓝小学詹妈妈

余昌文：

赵老师，当前，班级微信群在班级管理工作中带来的方便不言而喻，但也时常会出现"翻车"的现象。作为班主任，又是年级组长，您能谈谈您或是您身边的优秀班主任，对管理班级微信群有什么好的方法吗？

赵词慧：

第一，作为班主任，应承担起班级群和谐运营的责任，明确自己的角色。班级群是家校文化的重要组成部分，班主任是运营者，不应将家校沟通的主要任务交给家长，而应始终关注班级群健康氛围的营造。

第二，为了班级群的和谐运营，班主任应在班级群建立的初期建立规则，明确班级群的目的和性质——为了发布班级通知，发布孩子学校相关信息。其他的事情可以另外与班主任私下沟通。同时，要明确几点规则，比如对于通知不必回复，比如在班级群内文明用语，注意风度，再比如不可以发布与学习无关的信息，可以作为群公告张贴在班级群内，提醒家长。

第三，班主任应用好班级平台帮助班级管理，可以使用小程序比如接龙提高消息收发效率。班主任要精心运营班级群，常常在群内发布孩子的学校生活信息，明确班级群的定位是为了孩子更好地成长。

第四，班主任可以通过平时和家长的沟通增进彼此的了解，遇到纠纷有理有据，不断完善班级群的规矩，帮助班级群营造良好的氛围，助力家校沟通。

余昌文：

陆老师，作为新教师，在班级微信群的管理过程中，你都遇到过些什么困惑？最后又是怎么解决的呢？

陆雯婷：

当下"班级微信群"已成为每个班级不可缺少的交流平台。在每个家长和老师的手机中，谁都有一两个"班级群"。这些群从最早的QQ群，到现在的微信群，家长和老师之间交流更方便了。

但是作为新生事物，班级微信群的运作过程中，也会出现一些问题。比如因为一些小事情引起家长互怼，偶尔错发的游戏广告，一些家长的不当言论，等等，因此我认为班级群要定一个规矩，才能更好地开展家校沟通工作。

要给班级微信群定规矩，有一些事情，家长和老师都先要明确：

第一，班级微信群目的问题：不论是学校的微信群，还是培训机构的微信群，其目的只能是——为了孩子的教育。孩子学习和成长的一切问题，是这个班级群建立的核心目的。

第二，班级微信群性质问题：家长群虽然是老师建立的，老师是群主，但老师和家长背后的关系却是工作关系，是合作交流的关系。因此，群就应该是一个公共领域，而不是老师或者家长自己说了算的私人空间。

第三，班级微信群组成问题：因为班级群的目的和性质，班级群的组成只能是学校的老师（包括校长、班主任、任课老师、生活老师）、家长（本班级学生的父母或者是受监护人委托的亲属）和该班级的学生，家长不要将无关人员拉进班级群。

第四，班级微信群运行、内容问题：因为建立群是为了孩子的教育，所以，班级群中要杜绝一切与教育无关的内容。比如要禁止广告、文章链接、关注、投票等内容。有一些家长，习惯于在朋友圈中晒孩子的一切、自己的经历、鸡汤类的文章，这些，只能增加其他家长的厌恶情绪，要杜绝。

第五，班级微信群问题的处理意见：班级微信群是一种工作交流的平台，如果其成员违规，使用将其踢出微信群的方法显然不太合适。没有规矩，不成方圆。对于不自觉的成员，可以采取劝导的方法，进行提示，或者通知其另外家庭成员加入,将其换掉,以保证和谐的交流环境。

针对班级群,我也有几个小锦囊:

第一,班级群的数量,宁少勿多,一个最好。越多越不便于管理。简化沟通程序,关注家校沟通时间成本非常重要。

第二,事务性通知可以通过"群公告"完成,不易遗漏。

第三,建群之后,要在家长会上对相关要求做专项说明,以便达成共识。建群初期可多次在群内发布群规,个别情况可私信提醒,直至群内舆论走上正轨。

余昌文:

吕妈妈,您是今天论坛的家长代表,作为一年级新生家长,您对班级微信群的群规制定有什么样的建议吗?

吕妈妈:

第一,任何群都需要有一定的群规,正所谓没有规矩不成方圆。在设立群之初,老师或者群主就要定好本群的功能、目的和基调。根据以上几点,制定相应的群规,以便能够保证此群设立初衷不变。

第二,确立老师、家长和家委之间的关系。家委既是老师和家长之间沟通的桥梁,又是老师和家长的辅助帮手。最终目的是让班级更健康地发展。

第三,班级里各项事务,其实都可以在群里讨论,也都可以直接按照通知发布,但是要明确几点。首先,如果群设立初衷就是以通知为主,日常比较安静,除特别大的事情以外,还是以通知为主。其次,如果班级群本来就是以讨论沟通为主的,则比较适合讨论问题。最后,也是最重要的,讨论的事情就用讨论的口吻和家长们商量,通知就用通知的口气告知家长,上文出现的问题就是用通知的口气讲了一个拿来讨论的事情,造成了不必要的麻烦,让原本一次家长们都可以参与到班级事务讨论增强班级归属感的机会变成了一场纷争。

第四,通知的原则是要有严肃性,通知了就尽量不要改,对部分事宜要有快刀斩乱麻的勇气和魄力,不遇特殊情况不随意改变通知。

余昌文：

詹妈妈，据了解，您孩子学校对班级微信群有比较规范的管理模式，您孩子的班级微信群运作也很顺畅，真正起到了家校沟通的桥梁作用，您对家长在班级微信群沟通的方式方法有什么好的建议吗？

詹妈妈：

目前学校的老师大多都利用微信家长群进行家校沟通，运用社交网络开展家校沟通已经成为社会的普遍做法。但是在沟通过程中，也会发生这样那样的问题。

个人觉得还是要有几点规定为好，避免因为理解和沟通的偏差造成一些不必要的误会。

尽量避免在公群里私聊，容易增加其他人的信息负担，甚至有可能导致其他人错过老师的重要信息。因为各位家长工作性质不同，作息时间也不一致，也影响其他人的工作和生活。

每个人都有自己的喜好和想法，对待一些事情选择也不尽相同。我觉得提建议的时候不要各抒己见，最好是几个选择，大家投票。因为人多意见多，反而很难抉择，阐述观点时万一有表达欠妥的地方，容易引起矛盾。

如果是因为孩子之间的矛盾，个人建议家长之间先不要直接沟通，还是通过老师了解清楚事情的前因后果，再进行沟通联络。因为家长在自己孩子的问题上往往带有主观色彩，表达不当会影响班内的团结。

成长贴士

莱蒙特说过："世界上的一切都必须按照一定的规矩秩序各就各位。"国有国法，家有家规，没有规矩不成方圆。因此，在班级微信群成立之始，教师就要和家委共同制定好合理、明确的群规群纪。在首次与家长交流的时候，就要明确告知本班的群规群纪，要求所有家长一起学习并遵守，让制度从一开始就为班级微信群护航。

我们要让群里每一位家长都知道班级微信群共同的价值追求，要明确规定哪些行为是禁止的，比如危害国家、传播谣言、攻击个人，或商业宣传、故意刷屏、宣传负能量等行为；哪些行为是提倡的，比如响应党的号召，以班级建设和学生成长为目的的行为等。正确利用班级微信群，才能够促进多方的沟通与交流，帮助学生、家长和教师更好地成长和发展，提升学校的育人效果。

成长话题

班级板报该不该由家长出？

板报是班级文化建设的重要阵地。随着校园现代化建设的推进，板报似乎也越来越"大"。

每当班级板报评比，家长就一波波进入校园，或助力，或代劳。网上一教师甚至发表这样的动态：这个班的家长太优秀了，连我这个美术老师都自愧不如。

然而，家长这边却发出了不同的声音，有些家长不亦乐乎、津津乐道，有些家长抱怨被迫参与，还有一些家长因为无法参与而忧心忡忡……您所在班级的板报由谁来布置？您认为班级板报该不该由家长出呢？

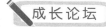 成长论坛

【主持人】

 杭州市安吉路实验学校徐晶妮老师

【嘉　宾】

杭州市安吉路实验学校范仁唯老师

杭州市长青小学汪若莹老师

杭州市安吉路教育集团新天地实验学校孙妈妈

徐晶妮：

范老师，您多年担任班主任，而且既担任过小学的，也担任过中学的班主任。在你看来，在班级板报中，老师、家长、孩子们应该扮演怎样的角色？

范仁唯：

适当放手，让孩子享受动手的过程。

对于初中学生来说，一块大大的班级板报似乎是痛并快乐着的存在。所谓"痛"，大板报的设计和布置对于孩子们来说的确是"工程浩大"，素材的选择和制作往往既烧脑又耗时，而小学时代，这一切往往多有老师或者家长志愿者的帮助甚至代劳。至于"快乐"呢？大板报是大挑战，也意味着"大大的成就感"。由班干部牵头，板报小分队认领任务，干得不亦乐乎！这些巧手的孩子们不仅锻炼了自身的能力，还收获了同伴们钦羡的目光。对于青春期的孩子们来说，同伴的协作和肯定，可以带来巨大的精神满足。

当然，初入初中的学生，一开始也的确需要老师和家长志愿者的点拨，这对于增强他们的信心是有所帮助的。

徐晶妮：

汪老师，您在班级管理中颇具心得，在你看来，班级板报应该由谁来出？

汪若莹：

小学一到三年级的时候，我们是家长和孩子共同参与的，从四年级开始，班级的黑板报就由孩子们独立完成了。

从班级建设的角度，黑板报有助于美化班级环境，构建良好的班风。从家长的角度，这也是一种亲子互动的模式。在家长的带领下，孩子们模仿，摸索如何布置出一个漂亮的黑板报。因此在低年级，家长和孩子共同完成黑板报的布置是比较好的。

中高段孩子们特别愿意参与黑板报的布置，他们也将教室布置得非常出色。因此，四至六年级学生由学生来布置更合适。

徐晶妮:

孙妈妈,您是班级板报布置的志愿者,而且听说您在板报布置方面很有想法,您可以分享一下您在参与板报制作过程中的感受或体会吗?

孙妈妈:

随着孩子年龄的增大,能力的提升,在这几次板报制作中,发现个别孩子乐意动手,敢于提出自己的想法。这让我深思,作为家长的我们可能误会了老师的意图,老师是想让家长积极参与学生班级活动,与孩子一起动手拉近亲子关系,关注孩子成长的每个细节,而不是大包大揽。我们要更多地关注孩子的想法。作为家长的我们,可以退居二线,让孩子们在前,我们做好温暖的守护:板报较高,小年龄段悬挂攀爬还是需要家长来帮忙,避免不必要的安全隐患。

相信在老师的引导下,发挥想象力和主动性,孩子的创新思维也能在板报设计中展现。

在板报的评价方式方面是否可以将其作为班级互动观摩分享的一种契机,让学生在观摩中共成长。改变板报的评比的形式或许能让老师和学生真正感受板报的乐趣!

成长贴士

创造力是人类特有的一种综合性本领,是一流人才和三流人才的分水岭。它是由知识、智力、能力及优良的个性品质等多种复杂因素综合优化构成的。

孩子们天生就是创造家。他会对这个世界充满了好奇,喜欢编故事,喜欢假想游戏……只要给他一片任其飞翔的天空,给他帮助,他的创造力便会自由生长。

让黑板报成为孩子们的创作阵地吧。

对学校老师有意见，
如何沟通更有效？

家长与老师的良好沟通，是形成家校合力、实现协同育人的重要一环。但是在实际生活中，我们肯定会遇到这样的难题："我对老师的某个（观点）做法有不同意见，该怎么办？""如果我直接向老师反映问题，会不会影响老师对孩子的看法？""学校的某项规定不合理，我该向班主任反映还是直接向校长反映？""打投诉电话，会不会让学校更重视我反映的问题？"作为家长，你有没有遇到过这类困扰？你是如何成功实现你的诉求的？作为老师，你更希望家长用什么样的方式来与你沟通？本期话题，我们一起来探讨"沟通的艺术"。

成长论坛

【主持人】

　杭州市拱墅区教育研究院学生成长中心副主任周慧老师

【嘉　宾】

杭州市东园小学沈熠老师

杭州某初中学校毕业生家长牛妈妈

杭州市青春中学程妈妈

周　慧：

沈老师，给老师提意见，很多家长其实是有顾虑的。比如，老师会不会不高兴？会不会给我们家孩子穿小鞋？您觉得可以如何打消家长的这些顾虑呢？或者说，家长怎么提意见，老师会更容易接受呢？

沈　熠：

作为班主任，如果家长提出要与我进行沟通，我当然是很乐意的，因为只有更好地沟通才能让家校更紧密地配合。这里，我想从老师的角度，从沟通的方式和沟通的心态方面给家长们一些建议。

首先谈谈关于沟通的方式。我建议在条件允许的情况下，家长最好能和老师坐下来面对面地谈话。主动和老师约一下时间，尽量避免不打招呼直接找上门去，这样可以让老师从容地安排好自己的教育教学工作。面谈可以让双方良好、直接地进行交流，避免产生误会，也相对容易解决问题。现代社会节奏快，大家可能都比较忙碌，特别是疫情下，我们可能也不方便进入学校。所以，电话沟通也是一种好方式。

我不太支持用即时聊天软件跟老师沟通，特别是尽量避免用文字或者语音留言的方式，因为脱离了情境和情感的纯文字的表述很有可能会产生歧义，从而引发误会。语音留言虽然方便，但是增加了老师的"阅读"负担，也显得不够正式。

然后，我想说说关于沟通的心态，也就是，我们与老师沟通的出发点是什么？我认为最重要的应该是信任。要相信老师的善意，也要相信老师的专业。我们对老师的质疑也好，不满也好，很多并不是直接与老师交流而产生的，往往是缘于孩子的描述，或者其他途径得到的信息，在信息不对称的前提下，我们争取做到不先入为主，跟老师聊一聊，听一听老师的想法，说一说自己的见解，"听其言，观其行"后，再做出判断也不迟。同样重要的还有合作的心态。我们要相信任何问题都可以谈，任何问题都可以解决，本着解决问题、携手合作、共同商讨的态度进行沟通，会对沟通有积极意义。然后是坦诚的心态。真诚的态度能让沟通双方都可以换位思考,让沟通获得积极效果。如果是家长对老师个人有意见,沟通时,家长们也请注意方式和方法,请相信,大多数老师可能只是没有发现问题,经过家长的合理真诚的提醒与建议,都是很愿意去积极配合的,老师们也很希望所言所行对孩子的成长有正面意义。

最后,还有三点建议,供家长参考。

第一,沟通前,请先冷静想一下,对老师的意见是否也对整个班集体有合理意义?改进之后对其他孩子是否不利?希望老师如何改进?第二,注意沟通时的语气和态度,不要过于情绪化,这不利于沟通本身。要能倾听老师的解释,换位思考。第三,当老师进行解释时,能根据实际情况,和老师一起进行协商改进方法。

周 慧:

老师们说自己欢迎家长提意见,但是家长们对老师有意见,往往是根据自己孩子的描述。这就可能会出现一种情况:家长误会老师。如果出现这种情况那怎么办呢?

牛妈妈:

我的孩子已经毕业了,初中就读于杭州市区一所学校。关于如何跟老师沟通,我想讲讲我自己的一个经历,应该说是一个教训了,希望能给大家一点启发。

儿子初一、初二的时候,表现都挺不错的,可以说是人见人夸,所以我们家长也很放心。进入初三,老师有一天突然打电话给我,说要我留意孩子与别人的交往。我回家后问了问孩子,孩子说跟他来往的都是同学什么的,我就没放在心上。过了一段时间,老师又给我打电话,说我的孩子"课上睡觉,作业不交,结交校外青年,甚至带回家来住"。

我当时听了心里很是不快,我完全不相信。我自己的儿子我最了解,他是这样听话,懂事,学习努力,爱打球……是的,他是爱交朋友,但是交朋友有什么不行呢?我每天都在家,儿子带外人回家来住我会不知道?

我当时想过跟班主任再沟通一下,但是转念一想班主任言之凿凿,再解释只会让她觉得我袒护孩子。我不甘心我的孩子被老师误解,受委屈,我觉得跟班主任已经无法沟通了,所以第二天我直接冲到学校德育处,跟德育主任说班主任对我家孩子有偏见。

令我意想不到的是,就在我从德育处回来后没几天,儿子真的变了,他开始放开胆子地夜不归宿,早上叫他起床上学他也不愿意。老师还是一如既往打电话来询问,帮我一起做孩子的思想工作,可是我儿子仍旧不愿意学习,我们家长的话他根本不听……

我非常后悔,也非常自责。监管不到位,让儿子有机可趁;过分宠爱,遇事先替儿子开脱;不尊重老师,时不时在儿子面前表现对老师的不满情绪,久而久之,儿子有恃无恐,公然顶撞老师;遇事不冷静,总觉得事情闹大才能还我"公道",殊不知教坏了孩子。

作为家长的我意识到得太晚了,本应该和老师站在一起的,我却站到了老师的对立面。遇到事情不是和班主任携起手来解决问题,而是冲到学校领导办公室来把事情闹大,让儿子觉得有面子,处处袒护,时时包容,才酿成今天的结局。

周 慧:

牛妈妈的这个故事让人唏嘘啊,但是这更让我们看到了家校沟通的重要性,必须互相信任,互相支持。

程妈妈:

是的,学校和家庭是孩子成长最重要的环境,二者缺一不可,相互依赖,相互促进。而这两者中家长和老师占据着最重要的环节。家长与老师之间的有效沟通与合作对孩子的成长都是非常有利的。作为家长一定要在尊敬老师的前提下跟老师进行沟通,也就是说无论什么时候我们都应该尊敬老师。

老师是给我们孩子传授知识的人。他们是值得我们敬重和感激的。我们要怀着一颗感恩的心去跟老师交流,那么老师也一定会把自己所有的想法和你进行沟通的。

我曾遇到一位任课老师在孩子的家校本上写了一段作业评语,同时也婉转地批评了家长,作为家长我觉得老师没有了解事情的全部经过,困惑该不该和老师进行面对面的直接沟通,又怕这样老师会认为家长在质疑老师的判断和处理。

　　我犹豫了很久，最终我认为还是和老师沟通比较妥当，所以我找了机会当面和老师进行了沟通，老师很热心也很认真负责地向我解释了写评语的目的，建立在尊重前提下的有效沟通，既是对孩子的负责，也是对老师工作的肯定。经过开诚布公的谈话，我消除了疑惑，也了解了老师的工作方式，这以后如果有事，我都不会独自揣测，我会事先向老师了解情况，然后从对孩子成长最有利的角度来处理问题，因为孩子的健康成长才是教育的根本，也是家长和老师的共同目标。家长和老师其实是战友，是伙伴，是孩子成长道路上的扶持者与领路人，所以要互相尊重，这样家校沟通才能通畅，才能有效。

成长贴士

　　教育是必定是学生、家长和教师多方共同参与的过程。著名教育家马卡连科曾说过："没有对孩子们的统一要求，就不可能有任何教育。"因此，要想对孩子实施有效的教育，就必须做到家庭教育和学校教育保持高度的一致。而家校沟通，则是达到这种高度一致的必由之路。在批评心理学中，人们把批评的内容夹在两个表扬之中从而使受批评者愉快地接受批评的现象，称之为三明治效应。家长给教师提建议，也可以采用这样的方法。第一层意思，表达自己和孩子对老师的认同、赏识和肯定，中间这一层诚恳地表达自己的建议，提出自己的批评或不同观点，第三层意思，感谢老师对孩子的关心，表达自己会老师的支持。这样的沟通方法，一方面保护了教师的自尊心和积极性，另一方面也会促动教师积极地审视和接受自己的意见。

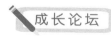

成长话题

幼小衔接家长需要做哪些准备？

七月，各校一年级新生报名工作热火朝天地进行着，这也意味着又有一批可爱的娃们即将背着小书包走进小学。有些家长开始犹豫，要不要去报个幼小衔接班做个准备，有些家长有些懊悔没让娃多认几个字，还有的家长则有些茫然：娃进入小学家长要做什么呢？每年这个时候，"幼升小"这个话题就成了热议话题，孩子进入小学，到底要做哪些准备呢？让我们听一听老师们和"过来人"是怎么做好幼小衔接的。

幼小衔接，就是幼儿园与小学教育衔接，也是幼儿在成长过程中所面临的一个重要的转折期，如果衔接得不好，就会对幼儿日后的成长，特别是学习生涯带来不利的影响。

成长论坛

【主持人】

杭州市东园小学沈熠老师

杭州市朝晖实验小学余昌文老师

杭州市文龙巷小学徐聪聪老师

杭州市东园小学杨妈妈

沈　熠：

余老师,您是一位经验丰富的老师,有多年的带班经历。幼儿园的小朋友进入小学首先会遇到哪些具体的问题,需要我们家长未雨绸缪的呢? 请您和大家分享一下。

余昌文：

第一,帮助孩子,降低焦虑感。

作为家长,要想办法让孩子缓解这种焦虑:疫情期间,不建议家长带孩子去参观小学,不妨在家给孩子找一些有关小学学校的环境图片或者视频,让孩子视觉感知环境的不同。可以给孩子讲讲进入小学以后,可以认识更多的同学和朋友,可以学习更多有用的知识,学会更多好玩的游戏。使孩子对小学充满好奇心和探究欲望。

第二,相信孩子,培养自主性。

对于一个孩子来说,走进小学校园,最重要的是先做好三件事:一是学会保护自己(遇到问题会找老师或同学处理);二是交到好朋友;三是喜欢上学校,喜欢上学习。

此外,一些孩子力所能及的日常事务,也要放手给孩子干。比如:

能说出自己的名字、父母的名字和电话、家庭的住址;

能说出学校的校名,知道从家到学校的路线;

能每天按照课程表自己整理书包、铅笔盒,能自己削铅笔;

能自己喝水、上厕所、系鞋带、穿脱衣服;

会做扫地、擦桌子等力所能及的劳动;

遇到困难时知道寻求别人的帮助,能清楚表达自己的需求。

第三,教育孩子,入学守规则。

从入学开始,孩子就要遵守学校的规则。比如,上学不能迟到,按时完成老师布置的学习任务等。和孩子讲解守规则的重要性。可以通过"角色扮演"游戏加深孩子对遵守规则的理解认识。

遇到孩子不能遵守学校规则的问题,老师一般都会主动和家长沟通。对此,家长一定要给予理解和支持。

说到规则,还有很重要的一点就是"上课遵守纪律"。如果没有纪律的约束,课堂学习的效果怎么能够得到保证? 如果家长能够让孩子尽快地适应这种大集体的生活,学会遵守课堂规则,对其发展也是十分有利的。

第四,陪伴孩子,一起爱阅读。

对于小学生来说,学习成绩并不是最主要的,尤其是对于一二年级的孩子来说。比成绩更重要的是学习的习惯,比如朗读的习惯、写字的习惯、认真完成作业的习惯、坚持课外阅读的习惯等。习惯好的,成绩自然好。

在这诸多习惯中,阅读的习惯最为重要。家长如果能够每天陪伴孩子,和孩子一起读半个小时的绘本故事,听孩子讲讲他喜欢的故事,这对孩子的即将到来的小学学习将是非常有用的。

上小学对孩子来说是一件大事情。尽快地帮助孩子实现身份的转变,帮助孩子养成良好的学习和生活习惯,这是每一位新生家长最需要做的事情。

沈　熠:

徐老师,您是年轻班主任,很善于与家长协同合作助力孩子成长。您班里的小朋友正好处于一年级,通过观察,您觉得幼小衔接家长可以做些什么准备帮助孩子较快地适应小学生活呢?

徐聪聪:

对于孩子来说,小学是第一个转折点。孩子步入小学阶段,需要适应课堂,开始固定时间上课、完成家庭作业等等。那么孩子进入小学到底要做哪些准备呢? 我总结了班级家长的经验,做一个分享。

第一,培养独立性。家长要有意识地培养孩子的生活自理能力,力所能及的事就让孩子自己去做,在孩子进入小学阶段前,有意识地协助他整理自己的抽屉、书包、铅笔盒,通过这些让孩子养成整理的好习惯。虽然都是一些琐碎的小事,但确实能培养孩子的独立性。

第二,调整作息。为了让孩子更好地适应小学的作息时间,可以在暑假提前调整孩子的作息,让孩子做到早睡早起,保证睡眠质量。

第三,储备适量知识。对于孩子来说,上小学前学会写自己的名字、做简单的自我介绍、熟记家庭电话和家长信息等很有必要。

第四,培养倾听能力。孩子在校的听课专注力总是一个困扰家长们的难题,在暑期家长可以适当地通过一些 App 或者有声绘本,来培养孩子的倾听能力。可以先让孩子通过听与看相结合的方式,培养认字能力,积累词汇,为今后提高阅读兴趣做铺垫。

幼升小只是开端,今后的路还很长,愿幼升小的宝宝、家长们一起努力,加油!

沈　熠:

杨妈妈,您是今天论坛的家长代表,您在孩子幼小衔接阶段具体是怎么做的呢?

杨妈妈:

我们在进入小学前也是有些紧张的,请教了一些过来人后,我们是这样做的。首先,在家要锻炼孩子的基本的自理能力,让孩子学会独立吃饭,独立上厕所,学会简单的整理等,还要教会孩子会写自己的名字,会简单的数数以及数字的写法,这样可以帮助孩子在生理上适应一年级的独立生活。第二,可以通过阅读减少孩子的焦虑,和孩子一起读一些关于小学生活的绘本,如《大卫上学去》《小阿力的大学校》等,让孩子感受到小学生活是多姿多彩的,可以学更多的知识,教更多的朋友,要在家里对孩子正面引导,在心理上减轻孩子的焦虑。第三,我们带着孩子一起去书店,挑选自己喜欢的书包和文具,在属于自己的物品上贴好姓名贴,我们还顺带着和孩子一起逛了逛商场,选了孩子喜欢的入学的新衣服,通过这种方式引导孩子对新学习生活的美好向往。

成长贴士

皮亚杰认为6至7岁的幼儿在认知方面大多还具有自我中心倾向,弗洛伊德提出童年社会性发展最重要的时期是五六岁,也称为潜伏期,儿童情绪发展理论则表明六七岁的孩子情绪是起伏不定的。因此幼小衔接阶段的孩子从生理、认知、情绪到社会性以及语言能力等都是循序渐进地发展着,此时进入小学如果把两个不同阶段迅速分割开来,将会使孩子因学习情景的变化而不知所措,甚至产生学习适应不良。

家长会上，要不要"告状"？

家长会是教师与家长交流、沟通，实现家校共育的重要平台。随着教育现代化的推进，家长会的形式和内容也在不断丰富和创新。但是，万变不离其宗的是，教师和家长都希望利用家长会谈一谈孩子的"问题"，同时希望与对方达成共识，一起解决问题。这就很难回避"告状"的嫌疑：教师会担心自己的措辞是

否合适，家长能否接受；家长也会担心"自揭其短"反而让老师对孩子留下不好的印象。双方都可能会担心的是，孩子知道后，会不会反感这种背着自己"告状"的行为？

那么，家长会上，教师该如何向家长反馈孩子的问题？家长又该如何向老师求助自己的困惑呢？

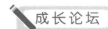
成长论坛

【主持人】

杭州市长青小学汪若莹老师

【嘉　宾】

杭州市明珠实验学校付辉老师

杭州市风华中学冯秀平老师

杭州市东园小学梁妈妈

杭州市大成实验学校副校长吴巧玲老师

汪若莹：

付老师，您作为名师班主任，在班级管理和培养学生方面经验丰富，作为一名资深班主任，您觉得家长会要"告状"吗？

付　辉：

家长会上当然要"告状"，不但家长会上"告状"，平时也要"告状"。

这是一道选择题，每次家长会召开，老师心中都要做选择，教育孩子的时候，知道孩子的问题，是一定要和家长公开讨论还是和家长私下沟通？

按照教育家对教育的定义：教育自古以来肩负着两个伟大的使命，就是塑造人的高尚灵魂和生成智慧的脑袋。要实现这样的目标，要把塑造高尚灵魂的"道理"与生成智慧脑袋的"知识"告诉孩子，把孩子的情况如实反映给家长，更重要的是要使这样的道理与知识有个"实体化"的过程。这个"实体化"的落实过程，没有家长的参与是不可能完成的。

只不过我们在"告状"的时候要讲究方法：

首先，先征询。既然要告状就要当面告，大张旗鼓地告，切不可偷偷摸摸打小报告。跟孩子说好今天家长会你的小毛病我要向家长告状了。说话之余观察孩子的情绪，征得孩子的同意。若他能接受，说明他有心理准备了，那就可以大大方方地告。

其次，想对策。问问孩子我除了告你的状，还有什么可以帮你的。这时候孩子会把他的顾虑和盘托出，我们就抓住核心问题帮助孩子找原因，找策略，然后告诉孩子：我去做家长工作，合力帮你解决问题。如此一来取得孩子对我们的信任，他心下明白老师明里告状、暗里帮扶，以后的教育工作更容易开展。

最后，定约定。家长、老师、学生三方当面锣、对面鼓，状也告了，原因也找到了,解决方法也都接受了,那就要订立契约。不但孩子要按约履行,家长也要做到。唯有如此自由、平等、守信的契约精神才能深入孩子的心中、血液里、灵魂里,成为他生命的一个组成部分。

汪若莹:

冯老师,您被评为"杭州最受人爱戴的班主任",我们非常想听听您在处理家校沟通问题的想法。

冯秀平:

我觉得要重视家长会,家长会,顾名思义,是教师和家长的会面,是学校为主办方的家长集体性聚会。在这样公开的场合,公开揭短不在场的学生个体,非但不合时宜,而且不够科学公正。

家长会上班主任和家长当然要交流反馈学生的学习状况,但请留意"状况"不一定全是"问题"。家长会,数十位父母亲集聚一堂,来到校园,走进教室,有机会真切感受孩子的学习生活状态。如此良机,可以谈亲情友情,可以交流探讨家庭教育良方,可以明确家长合作要求与常规,可以塑造家长的班级向心力……总之,集体场合有许多可为之处,何必把着眼点只放在"问题"上?

当然,学生整体呈现出的不足之处,或者说教师的更高要求,是可以借家长会机会反馈的。但是个体学生的具体问题,我建议还是应该个别反馈,个别交流,时间可以放在家长会之前或者之后。如果把家校之间的交流比作一场交响乐的话,那么家长会只是其中某一乐章,自有其特别功用,绝非"告状"良机。

汪若莹:

作为一名小学生的母亲,每次家长会您都有参加,对于家长会"告状"这件事,您有什么感受吗?

梁妈妈:

在孩子的成长道路上肯定会遇到各种问题,作为家长,真诚地希望能得到老师更多的帮助,家长会是双方沟通交流的机会。家长可以实事求是,让老师更多地了解孩子在学校以外的一些行为表现,当然不要一味地贬低孩子,也需要赞赏孩子的长处,这样有助于老师全面了解孩子的成长,更好地与家长讨论适合孩子的教育方法。其次，家长与孩子交流一定要注意方式方法，不能让孩子感到老师在背后"告状"，而应让孩子明白老师是真正关心、帮助自己的。总之，家长和老师需要相互理解，相互尊重，即双方建立亦师亦友、相辅相成的关系，真正做好家校紧密合作，才能让孩子取得进步！

汪若莹：

吴校长，您是副校长，同时还是杭州市教育局家长学校总校亲子沟通指导讲师，在家校沟通方面，您是专家，您认为老师们要如何做才能更好地解决这个问题呢？

吴巧玲：

所谓"问题"，是指"要求回答或解答的题目，需要解决的矛盾、疑难，事故、麻烦或是关键、要点"，而对于中小学生来说，"问题"应该更多地理解为学生的"行为表现偏差"。所谓"告状"，是指"向上级或长辈诉说自己或别人受到的欺负或不公正待遇"，从这样的角度出发，面对家长和老师共同的培育对象——孩子，我们需要的不应该是"告状"，而应该是在"共担责任，共研方法，共育成长"理念指导下更好地直面"问题"，沟通"问题"，解决"问题"。

直面"问题"。教师将孩子在学校出现的"问题"如实向家长做反馈，并就相关现象和家长进行确认，此时，老师不可以就孩子出现的"问题"对孩子进行定性评判，如就某个"问题"就说这孩子笨，这孩子品行不好，这孩子是个差生等。老师在和家长进行确认时，家长要如实反馈孩子的信息，通过双方共同努力，找到孩子"问题"的根源所在。

沟通"问题"。找到孩子的"问题"根源后，老师和家长要共同探讨孩子的气质类型、性格特点等，正视孩子的优点和薄弱点，以寻找到解决"问题"的突破口。如激进型的孩子，意志坚决，精力充沛，勇敢果断，但不喜欢被控制，所以家长和老师就可以多赋予其责任、目标和行动，让他在获得成就感的过程中缓解"问题"，千万不要硬碰硬。

解决"问题"。如果遇上的不是涉及孩子人身安全的、原则性的、破坏性的"问题"，老师和家长都需要给孩子改正错误的机会，"试错"很多时候就是孩子成长的"契机"。如孩子一次没有做作业、孩子之间发生了一点矛盾时，老师可以通过和孩子之间的沟通，达成解决问题的一致意见，给孩子信任的同时也维护好孩子的自尊。解决"问题"的根本是增加老师和家长对孩子的"爱"。

当老师和家长拥有足够强大的直面"问题"的勇气、沟通"问题"的方法、解决"问题"的能力的时候,孩子将得到健康成长,若要更好地培育孩子,家长和老师永远不可停下学习的脚步。

成长贴士

家长会"告状"本质上就是家校沟通,要达到沟通的目的必须从心理学的角度出发,攻心为上,学会站在对方的角度替对方着想,用语言的力量说服对方。

心理学上,有一种尊重定律(现象),就是基于人际交往中每个人都有被尊重的需求,沟通必须是平等的,这样才能产生实质性的情感联系。它的意思是如果我们想要使沟通达到自己想要的目的,必须把双方放在平等的位置上互相尊重,这个定律告诉我们,在教师与家长交流过程中,如果能换位思考,互相理解和尊重,那就能取得事半功倍的效果。

使用心理学的策略,引导整件事向自己想要的方向发展,老师和家长说话办事都需要注意分寸,才能实现家校共赢的目的。

成长话题

"戒尺"接不接？

《中小学教育惩戒规则(试行)》2021年3月1日起施行,《规则》首次对教育惩戒的概念进行了定义,明确确有必要的可实施教育惩戒,明文规定了学校、教师可采取的教育惩戒措施,也明确了所禁止的不当教育行为。

《规则》究竟是"戒尺"还是"烫手山芋"？接，还是不接，这是一个问题；怎么用，这又是一个问题。

成长话题

【主持人】

 杭州市青春中学龚睿佳老师

【嘉　宾】

杭州市德天实验小学李旭燕老师

杭州市东园小学沈熠老师

杭州市青春中学章爸爸

龚睿佳：

李老师，您认为作为教师应该要"敢用善用"还是"谨用慎用"？它的标准又是什么？

李旭燕：

我主张教师要"谨用慎用"《规则》赋予的惩戒权。

针对"慎用标准"，我认为教育惩戒的一条重要检验标准是最终是否促进了学生的健康成长。为了保证学生的健康成长，教育者必须尽可能利用一切有利的手段，遵循学生的最近发展区原则，而不是毫无章法。

其中，教育惩戒的可操作性以及界定惩戒的界限与标准难以平衡。部分地区部分教师的教育惩戒行为事与愿违，反而影响了教育效果。

因此，我认为慎用教育惩戒具有依法性、科学性、伦理性、教育性。教育惩戒的艺术性具体体现在如下几个方面：选择恰当的教育场合；采取惩戒措施时要注意时机；要善于跟学生家长沟通，有效地借助家庭教育的力量，具有艺术性的语言都是体现了"慎用"，真正做到因材施教。

龚睿佳：

沈老师，您作为一位班主任，应该遇到过不少"熊孩子"，您又是如何看待《规则》的生效实施呢？

沈　熠：

我们可能在理想中把所有孩子都想象成能以理折服、会尊师道、愿意接受正确的引导，我曾经也是这样想，也希望自己在教学中以教师的人格魅力使孩子在熏陶和引导中渐渐成长；诚然大部分孩子都是如此，而我也很幸运基本未曾遇到特别出格的孩子。

但纵观整个教育界这些年来确实也存在有的孩子不仅没有底线，任何教导都不接受，甚至在班级各项活动中影响其他同学，使得其他同学的学习活动无法进行。这样的熊孩子慢教育可能只是纵容他日复一日地无法无天。

3月1日，《刑法修改案（十一）》正式生效实施，对刑事责任年龄做了调整，其目的也是强化家长对未成年人的监护和教育责任。说明大家也都意识到熊孩子不认真管教、不需要对故意犯错负责的后果是严重的。成人社会中的规章法度是为违规者预备的，闯红灯的司机明知故犯，必然要接受扣六分罚款的结果，没有此法，恐怕闯红灯的比现在要多吧……当然遵纪守法者自然不需要。孩子相较成人，虽然是孩子，但规则意识也在逐渐形成，如果越界的行径没有惩戒，不需要负责，剩下唯有缺乏规则意识。故而国家颁布《规则》，希望教师们莫要回避，该出手就出手，《规则》落地说明教育惩戒依然需要。

那我们就具体情况具体对待，是为善用；遇到严重情况不缩手缩脚，以教育和制止不良行为为目的的惩戒大胆正确使用，是为敢用。

龚睿佳：

章爸爸，今天您作为家长代表，是如何看待教育惩戒的使用呢？

章爸爸：

惩戒是手段，教育才是目的。教育的本质是一棵树摇动另一棵树，一朵云推动另一朵云，一个灵魂唤醒另一个灵魂。过于严厉的惩罚不仅起不到教育之目的，而且容易使青春期的学生滋长忧郁叛逆憎恨对抗等不良情绪，而恰当的惩戒和鼓励却能唤醒一个人的灵魂，引导学生自我成长。

教育惩戒的使用应以是否促进学生成长为评判标准。惩戒虽然让学生感受到身心痛苦，但应以不伤害学生身心健康为原则。当学生出现违规违纪行为，学校在做出惩罚决定前应充分了解学生违规违纪行为背后的真正原因及其行为对他人或集体造成的负面影响，同时邀请学生监护人到学校进行协商，倾听学生的心声，客观分析学生违规违纪行为的性质、程度以及学生的性别、年龄、身体状况、心理承受能力、情绪状态、家庭状况及具体违规违纪情形，家校达成一致后，再进行必要的个体化惩戒。

因为学生个体差异很大，对同一性质的违规行为需因人而异，施以不同惩戒，这样既能起到教育的作用，又尽量避免伤害学生身心，从而保证违规学生受到的惩戒公正合情合理。

成长贴士

《规则》所称教育惩戒，是指学校、教师基于教育目的，对违规违纪学生进行管理、训导或者以规定方式予以矫治，促使学生引以为戒、认识和改正错误的教育行为。

重拾"戒尺"是为更好地育人。实施教育惩戒后应当注重与学生的沟通和帮扶,对改正错误的学生及时予以表扬、鼓励。

《规则》明确了惩戒的范围。1.不服从:故意不完成教学任务要求或者不服从教育、管理的;2.扰乱秩序:扰乱课堂秩序、学校教育教学秩序的;3.行为失范:吸烟、饮酒,或者言行失范违反学生守则的;4.具有危险性:实施有害自己或者他人身心健康的危险行为的;5.侵犯他人权益:打骂同学、老师,欺凌同学或者侵害他人合法权益的;6.其他违反校规校纪的行为。

也明确了教师不能碰的七条"红线"。以击打、刺扎等方式直接造成身体痛苦的体罚;超过正常限度的罚站、反复抄写,强制做不适的动作或者姿势,以及刻意孤立等间接伤害身体、心理的变相体罚;辱骂或者以歧视性、侮辱性的言行侵犯学生人格尊严;因个人或者少数人违规违纪行为而惩罚全体学生;因学业成绩而教育惩戒学生;因个人情绪、好恶实施或者选择性实施教育惩戒;指派学生对其他学生实施教育惩戒;其他侵害学生权利的。

成全的智慧
CHENGQUAN DE ZHIHUI

如何运用智慧，
化解家长对孩子的"过分袒护"？

你班上是否有这样的家长：言语上告诉你"老师，你一定要严格管教孩子，我们肯定好好配合"，可是真遇到问题时，却不动声色地为孩子解围，替孩子辩护？

近年来，介入孩子之间的纠纷、以袒护的方式代替孩子解决冲突的家长，似乎越来越多了。孩子之间发生矛盾冲突

时，有些家长总是首先找对方孩子的问题，不愿意教育孩子一起反思自己的过错。有的家长甚至亲自上阵，为自己的孩子讨回公道。

那么，我们该如何运用智慧，化解家长对孩子的"过分袒护"呢？

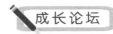

【主持人】

杭州市青蓝青华实验小学朱艳婷老师

【嘉　宾】

杭州市长寿桥岳帅小学徐瑛老师

杭州市青蓝青华实验小学沈俊老师

杭州市青蓝青华实验小学吴妈妈

朱艳婷：

徐老师,您担任班主任多年了,一直在和孩子们、家长们打交道,您觉得该怎样巧妙地化解家长对孩子的"过分袒护"呢?

徐　瑛：

首先,存同求异,达成共识。

比如,家长把纪律不好的问题归根到其他孩子身上,但家长不否认孩子的纪律不好的问题,这一点,家长和老师达成共识。而这一点很重要,这是我和家长可以交流的前提。

在与家长电话沟通时,我从想帮助孩子的角度出发,着重强调的是纪律的重要性,家长认同我的观点,也觉得有必要对孩子的纪律问题予以重视,并表示愿意配合老师对孩子进行纪律教育。

整个沟通过程,我刻意避开了主观原因和客观原因的问题,突出了纪律不好会给孩子带来的不良后果,并表达了作为老师愿意帮助孩子的想法。古语曰:"亲其师,信其道;尊其师,奉其教。"这句话不仅仅是指学生,对家长也同样适用。只有站在家长的立场上,发出想帮助孩子的信号,家长才会接纳老师,才能心甘情愿地配合老师。

其次,将计就计,发现问题。

有位家长希望孩子能换座位,虽然我知道,问题的原因不在位置上,但我还是采纳了家长的建议,爽快地说:"可以换位置,觉得这个位置有问题,换一个,也是一种方法。"接着说:"学生和学生之间也是有缘分的,跟这个同学坐得不开心,那就换一个位置,如果还坐得不开心,那需要从我们孩子的身上找问题了。"言下之意,我会给孩子机会,并愿意与您家长一起找原因。后来的事实也证明了,孩子的纪律不好,问题不在他人身上,这让家长口服心服,以后再没有提出类似的要求。

表面看,第一次我采纳了家长的建议,但教育工作本身就是需要持久地开展,所以,作为老师要有"不谋长久者,不足谋一时"的意识。与家长沟通,需要一些智慧，找到能够与家长沟通的共同点，引导家长发现孩子的问题，这样，家长的"袒护"也就没有作用了。

朱艳婷：

沈老师，您是一位资深班主任，有多年低段教学的经验，面对家长的袒护，您在沟通方面有什么技巧呢？

沈　俊：

家长的袒护，有时候也只是我们以为"过分"。我相信所有的一年级新生入学的时候，家长都是希望和老师站在同一条战线上的。我们所理解的家长袒护，这背后可能是有原因的，只有深入了解到家长袒护的原因，我们才能够去化解。

比如，有些孩子是因为身体上的原因，有一些特殊的疾病。当老师向家长诉说孩子在这方面出现的问题时，家长可能就会出现袒护的情况。

而且，孩子回家诉说情况的时候，常常只会说对自己有利的一面，家长出于对孩子的爱护，往往会选择相信孩子。这时候，我们老师需要提前给家长打好预防针。当孩子在学校里出现了各种各样问题的时候，我会在孩子放学前就通过电话、微信等通信手段，让家长提前了解事情发生的起因、经过和结果，这样孩子在诉说的时候，家长就会有选择地倾听。

当然，也不排除无原则地过分袒护孩子的情况。对于这样的家长，我一般不会在事情发生的当天就和家长对立起来，而是先选择倾听家长的需求，找到家长的袒护点。在后续适时地向家长推荐一些家庭教育的文章、书籍。并适度地表达老师也是希望孩子能进步得越来越快的愿望，让家长和老师站在同一面。只有家校沟通顺畅了，家长才能听得进老师的建议。

朱艳婷：

您是今天论坛的家长代表，我了解到您的孩子非常自信阳光，还是学校的升旗手。针对这个话题，您能说说您的看法和做法吗？

吴妈妈：

我是两个孩子的妈妈，大儿子在杭州市青蓝青华实验小学读五年级。孩子成长的这十几年里，我和孩子的爸爸不断调整自己的教育观念和教育方法，只为能在孩子需要我们的时候，给予孩子最实在的帮助，带给孩子坚定的信念和坚信办法总比困难多的信心。

自信和坚持是每个人面对生活或者学习中各种挑战的必备品质。孩子在学习中、生活中总会遇到困难和阻力，孩子总会来寻求帮助，这个时候，其实对家长的考验是挺大的。既要让孩子觉得父母是强有力的后援，又要培养孩子独立解决问题的能力，增强自信心。那么，如何把握这个度，家长需要有自己的思考和衡量。

我们家的原则是孩子面对自己的困难，再大再难都需要自己去解决，没有人可以替代。但是在解决问题前，父母会和孩子一起分析问题，找到出现问题的原因，然后再让孩子自己想办法解决。

最直接的，孩子总会遇到很多学习上的困难。我的孩子偶尔也会来提问一些数学题，这个时候，我们会和他一步步探讨：这是关于什么的问题？以前有没有遇到过？有没有什么概念或者公式可以套用？往往我们问到这里，孩子也基本有自己的思路了，然后他就会很开心地来告诉我们，他解决了。虽然花了挺长时间，但这个时候是他自信心爆棚的时候，往往我们都会给他"点赞"，而不是说"以后……"。因为这个时候你再提醒孩子以后要多动脑多思考，会让孩子觉得你其实在责怪他刚才没有思考，孩子会觉得很没劲。因此，及时鼓励，帮助孩子在困难面前树立解决问题的自信心很重要。

生活上，只要这件事情没有违背公序良俗，没有危及生命，我们都是让他放手去试。都说失败乃成功之母，没有经历过失败怎么能够积累成长路上的经验教训呢？等到他灰头土脸地回家了，给他一个大大的拥抱，告诉他没关系，但是有更好的解决办法，这时，他会眼睛亮晶晶、满怀期待地看着你。这个时候我们还会让爸爸和他聊一聊，因为儿子已经是大孩子了，男人之间的沟通有时候会比妈妈出面更事半功倍！

同时，我们也会用"共情"的方法，让孩子体会到他自己一般不会想到的问题背后的更严重的问题。比如孩子和同伴发生了矛盾，这个时候，讲大道理、打骂、袒护、帮孩子找借口、把错误推出去，都是非常错误并且后遗症非常严重的方法。因为往往在这个时候，孩子并没有意识到问题在哪里，大道理听不进，打骂会让孩子更逆反；袒护护短则更不可取，会助长孩子的嚣张气焰，以后变本加厉，一发不可收拾！

"共情"会让孩子体会在一件事情中，不同的人有不同的感受。比如同伴会有伤心难过、害怕恐惧的感受，同伴的父母会有心疼担心、愤怒的感受，自己的父母会有伤心、失望、愧疚等等的感受……孩子在这些情绪的冲击下，更能认识到自己的问题在哪里，哪怕是在写检讨时，也会多方位地思考，深刻认识问题的关键所在！

现在，我的孩子敢于尝试任何新鲜、有趣的事物，因为他足够自信，也知道我们会支持他的积极探索；但是他做事有分寸，知进退，因为他知道父母是他探索世界的坚强后盾，但是绝不是他胆大妄为、随心所欲的保护伞！

成长贴士

古人云：有过不包庇，有功不奉承。

孩子在发展的过程中，不论是否愿意，总会碰到各种各样的纠纷或冲突，甚至挫折或失败，这也是其成长的一部分，没有经历过纠纷或冲突的孩子，难以形成独立解决问题的智慧，没有经历过挫折或失败的孩子，品味不到成功之后的喜悦。所以，我们应以一颗平常心去对待，让孩子去面对人生必经的风雨，帮助孩子去积累一生受益的财富。

真很感谢老师，
送什么"礼物"才合适？

小X同学是位8月底出生的孩子，在班里，他的月份最小，特别活泼，特别天真，也特别不省事。刚从幼儿园进入偌大的小学校园，小X对一切都充满好奇，开学不到2周，已经数次偷偷溜出教室跑到校园里四处探秘，把老师们急得团团转到处找他。课堂上，小X的注意力总是无法集中，小屁股根本坐不住凳子，下课了最爱和同学们打打闹闹，一个不小心就惹哭了这个又惹毛了那个……

但在老师们眼里，小X是一个超级可爱的孩子，总喜欢问问题，有时还会黏着老师撒撒娇。老师们在头疼他的"不省事"的同时，一直对他充满了耐心和期待。

经过一年的不断教育和行为习惯纠正，二年级的X已经变得不再让老师和家长如此"操心"，不仅开始自律，还经常做老师和父母的小助手，似乎一下长大了。教师节即将到来，家长真的很感激老师们的付出，可是送什么"礼物"才合适呢？

成全的智慧
CHENGQUAN DE ZHIHUI

 成长论坛

【主持人】

杭州市安吉路实验学校副校长吴海燕老师

【嘉　宾】

杭州市安吉路教育集团新天地实验学校王爸爸

杭州长江实验小学胡晓芳老师

拱墅区教育研究院学生成长研究中心主任沈洪老师

吴海燕：

王爸爸，您作为家委会会长，平时和家长、老师接触都比较多，针对这案例，您有什么想说呢？

王爸爸：

每一位初入校园的小学生对于老师那一定是充满了敬意与喜爱，而家长也都希望刚进入校园的孩子得到老师额外的关注，所以遇到教师节等节日，家长就会为了送礼而送礼。但是对于老师而言，其实最希望自己的学生越来越优秀，而一些礼品、礼金的赠送其实无形中给她们增加了很多烦恼。

我听说过一个真实的案例。一个家长自作主张给老师手机充值了5000元，害得老师请副校长出面退回了5000现金。对于年轻老师来说这笔现金真是花得冤枉，或许这个月的生活质量都受影响了，而巨额话费也不知要用到何年何月，真的让人哭笑不得。因此，我建议大家不要乱给老师送礼，也不要强迫老师收受，给老师添乱。教育孩子礼貌待人、尊敬老师、团结集体才是家长更需要做的，逢年过节其实可以让孩子动手制作手工类的礼物送给老师，这样老师就会感受到学生满满的"爱"意。

吴海燕：

胡老师，作为杭州市名班主任，您一定帮助过很多孩子和家长走出"困境"成为更好的自己，那么面对这位家长您有什么妙招？

胡晓芳：

一年内孩子有如此巨大的变化，是一件非常不容易的事情，老师一定是付出了很多很多。相信这位家长一定也是一位会与老师积极沟通合作的家长，经历了一年艰难的努力想感谢老师，可见也是一位懂得感恩的家长。

建议母子俩可以录个配乐小视频。妈妈可以袒露自己的心路历程，从刚入学时的担心焦虑到一年后的惊喜和感激，感谢老师的耐心陪伴！再者可以回顾在这个过程中老师的经典话语给自己的启发、鼓励和支持，感谢老师智慧的引导。

真情告白需要的就是"真"。让老师感受到工作的价值感。孩子则可以表达自己最真实的心声：感谢老师，选择结合一件印象最深的小事，说说做老师的小助手得到的快乐，可以增强孩子的班级归属感，是对孩子行为的正向强化。

吴海燕：

沈主任，您是我一直很敬佩的德育专家，对于家长想送礼表达自己心意，您可否给予一些指导？

沈　洪：

为了孩子的健康成长，需要家校携手共守一方风清气正的教育晴空。"礼"者"理"也，无论是"教师节"，还是日常，"礼至"而不"物化"，是家长和老师彼此间最大的尊重和信任。这样的家校关系是最真诚、最舒服的。

要说送"礼"，最好的"礼物"莫过于共担、支持、理解、合作和沟通。小X走向"自律的自己"还有很长的路，需要家长和老师持之以恒发挥出"1+1>2"的合力。建议家长主动与老师结成"同盟"，彼此间多一点换位思考，多一点互相扶持，多一点赏识信任，多一点坦诚交流。渐渐地，孩子有成长方向了，能管理时间了，会把努力当成习惯了……10年、20年后，当孩子学业、事业有成，为社会做出贡献之时，去向老师传个捷报，相信老师享受到的是职业生涯最大的荣耀和幸福。老师同时也会将幸福的教育一直做下去的，惠及更多的学生。

我国自古是个礼仪之邦，礼尚往来的观念刻进人情社会的骨子里。心理学教授窦东徽曾经说过，礼物的价值由三个方面构成：物品本身的价值、礼物的使用价值和寄托在礼物中的情感附加值。要不要给老师送礼这个问题一直困扰着所有家长，而如何委婉拒绝家长礼物又不让其尴尬甚至不理解，也是老师们一直困惑的问题。2022年2月7日浙江明确提出要打造"浙江有礼"省域文明实践标志性成果，"进一步礼敬社会成员，崇尚'务实、守信、崇学、向善'的当代浙江人共同价值观，注重以文化人、成风化俗，温润人们心灵，创新社会治理，促进更高水平的社会和谐"，这就给我们提出了如何正确"礼尚往来"的课题。

　　教育部明确规定禁止老师收礼，不管是教师节还是其他时候，老师都应该端正作风，不能和家长有私下的利益互换。学校在这方面也管理得很严格，老师收礼被发现，轻则批评处分，重则被辞退丢掉工作。那么面对家长丢下就走的小礼物，比如家乡不贵重的土特产、自己做的点心等，其实收下后寻找合适的机会送书或其他小礼物给对应的学生，是不是更利于家校和谐与发展？

　　这里也建议父母送礼不该与功利挂钩，窥一斑而知豹，落一叶而知秋，在送礼这件你来我往的人情往来之中，一个人的修养和层次，体现得淋漓尽致。我们处在人情社会的传统当中，不可能隔绝社交过着遗世独立的生活，在送礼物这件事上掌握分寸，既表达感激又顾及老师心理负担非常重要。

孩子的秘密，
要不要告诉老师或家长？

小J同学是位乖巧的女生，以前放学回家的路上总能叽叽喳喳和妈妈聊一聊在学校的情况：今天有什么开心的事情，有没有和同桌好好相处，等等。自从上了初中之后，她越来越不愿意和家长倾诉，每当妈妈多问几句，她总不耐烦，要么嫌妈妈和自己有代沟，要么以"这是我的秘密"为由搪塞过去，对孩子的"叛逆"和"独立"，妈妈只能"被迫"放手，内心很是焦虑。

一个孩子进入青春期后拥有秘密，意味着"这件事只有我知道"，即"我"存在的独特性。需要有自己的秘密，是孩子真正成长的标志之一。随着孩子自我意识的不断发展，把自己的秘密分享还是独自保守，很多时候对于孩子而言，是一个两难的选择。孩子成长的过程中，心中的秘密，要不要告诉老师或家长呢？

成长论坛

【主持人】

杭州市胜蓝中学王君老师

【嘉　宾】

杭州市胜蓝中学彭菲老师

杭州市胜蓝中学陈妈妈

杭州市胜蓝中学兰茜老师

王　君：

彭老师，孩子从小学进入初中后自我意识增强，开始多多少少藏有一些小秘密，他们会和身为班主任的你分享吗？

彭　菲：

初中阶段的孩子进入青春期，独立意识迅速提升，孩子们在身心发展不平衡的情况下，很容易引起我们常说的叛逆。反抗与依赖、闭锁与开放、勇敢与怯懦成为青春期孩子们矛盾心理的主要表现形式，所以拥有秘密对他们来说或许也代表着成熟与责任。

我班上有一个男孩子小蓝，因为心思比较细腻，父母教育理念又完全相悖，导致他长期处于比较负面消极的情绪状态，很多心事他不愿和父母倾诉，怕父母担心，也不想和老师说，因为不够信任，这样的状态甚至影响到了他的身心健康。他把最后的希望寄托在网友身上，可是网友的身份、素质等等是他无法掌控的，所以经常会受到伤害。后来因为实在受不了持续低迷的情绪状态，来找我"吐槽"，当时我没有任何的指责和教育，一直在赞同他，并且以自身实例告诉他，如果是我，遇到同样情况也会和他一样，慢慢地他开始信任我，聊的话题多了起来，不开心的时候也会来找我宣泄或者商量了。甚至有一次和爸爸吵架后心情不好，妈妈担心他不想上学跟我请假，结果早晨起来他自己主动说要来学校，妈妈很意外。在学校和同学相处后，他其实还挺开心的，当时我就想：幸亏他还愿意来学校，这样就可以合理地转移注意力。我想这或许与他把秘密告诉了我有很大的关系吧。不过，我从来没有主动去询问过有关他的所有事，每次都是他主动来找我的，我觉得这样的模式才能让他真正放松。

我认为对待孩子的小秘密，我们应该采取正确的态度，没有秘密的孩子长不大，不必太过敏感，要求孩子对自己毫无隐瞒，但是孩子主动想说的时候也要做一个耐心的倾听者,为他们营造一个安全放松的倾诉环境。

王　君:

您是今天论坛的家长代表,我了解到您的孩子在学校里阳光且有才华,他喜欢尝试、研究rap等新潮的事物。家有处在青春期的男孩,他思想前卫,有主见,作为家长,您能跟大家分享一些亲子交流方面具体的做法吗?

陈妈妈:

每个人心底都有一个秘密花园,这些秘密,有的可以与亲朋好友分享,有的可能压在心底,一辈子都不会被人知晓。

过去,我们当孩子时,随时要应付家长对我们日记、信件的例行检查和突击抽查。现在,时代进步了,社会发展了,观念更新了,我们好不容易当了家长,想要看看孩子的网聊、短信、电邮时,却被娃以"未成年人隐私权受到法律保护"而拒之门外。青春一去不复返,一边遗憾当年的自己不敢挑战权威、没有隐私概念;一边感慨现在的孩子有法律意识,敢于维权;一边反思做现代家长得积极学习并实践与孩子的有效沟通。

首先,要有正确的心态。孩子有秘密很正常,不肯说也应理解。没有秘密的"透明人"的成长是缓慢而不健康的。其次,要注意引导方法。家长不应以窥视隐私来了解孩子,更不能用旧式家长简单粗暴的方式去逼问,而应在日常生活中,多与孩子进行平等尊重的对话与交流,建立亲密的亲子关系。鼓励孩子积极表达心思和想法,主动和父母共享其开心与痛楚,支持并帮助孩子学会单独应对秘密并坦然处之,让秘密变成孩子长大了的营养保健品。第三,要培养孩子对家长的信任感。家是爱的港湾,把握好爱的分寸,信守承诺,保护好孩子的秘密,把尊重孩子的种子撒播在孩子心田,就会不断生长出更多的信任和爱。

庆幸我的孩子曾经带我走进他的心灵秘密花园,让我欣赏到孩子内心的温暖柔软以及果断坚强。我愿继续陪伴孩子,共同守护他那一片神秘的净土。一个人如果微笑面对他的"心灵秘密花园",就会迎来人生的春天,变得健康、快乐、充满爱心。

王　君:

兰老师,进入青春期后,初中生变成了一个个小大人,心中藏着自己的小秘密,作为心理教师,他们会来和你倾诉心中的小秘密吗?

兰　茜:

初中生的自我意识有了很大的发展,在这个时期,孩子开始撕裂与父母在心理上的联系,正是这种急于独立的思想,使自己陷入矛盾的冲突之中:一方面自己急于自主、独立,总觉得对父母的依从是一种压力和束缚,因此常有反抗的表示;另一方面,仍有很大的依从性,不论在经济上,还是在精神上或情绪上,都不能摆脱对父母的依赖,当遇到困难时,又非常期待父母的帮助和安慰。因此,当这些秘密是不影响自己或他人身心健康的小事情,且孩子觉得自己有能力去解决时,可以不告诉家长或老师,这也是成长的标志。但是如果这些秘密会深刻影响孩子的身心健康时,是需要告诉家长或老师的。

一是孩子的阅历尚浅,社会经验不够丰富,许多事情无法准确判断是非,分析解决问题的能力也不足以应对可能遇到的突发情况。一旦那些不利于成长的秘密在心中生根发芽,就会给他们的学习和生活造成很大的影响,甚至导致思想的偏激和行为的叛逆。

二是"成人感"的想法会让孩子自以为成熟了,但这却是最容易陷入沼泽的紧要关口。因此要相信家长可以帮助自己树立正确的人生观和价值观。

三是家长和孩子虽然有年龄的代沟,但是他们也曾是过来人,很多青春的躁动也经历过。孩子固然可以向同龄人分享秘密,但彼此都缺乏解决这些事情的能力,还是需要"过来人"来排忧解难,提出更合理的意见和建议。

作为家长和老师,首先要与时俱进,做出理念上的转变——即孩子的成长过程中逐渐有自己的秘密是一个很正常的现象,要允许他们建立自己的隐私空间,同时重视保护他们的内心秘密,不偷听偷看偷问。但是当孩子鼓足勇气告知自己的秘密时,家长和老师也要学会正确应对:第一,把孩子当成一个独立有自我意识的个体看待,平视交流,用商量的语气去沟通,尽量多倾听、少唠叨和命令。第二,无条件地爱和接纳孩子,让他可以坦然地说出难以启齿的秘密,而家长或老师对于过失、秘密和错误的接纳也能提高孩子对自己的满意度。第三,教会孩子辨别危险。父母可以在平时多与孩子交谈,让他们学会识别危险,让孩子明白哪些"秘密"是有害的。注意,在谈论这些话题时,不要针对孩子,父母只要真诚地说出自己了解到的信息和自己的想法就可以了。不要对孩子说"你可千万不能怎样怎样",孩子一听到这种话就会烦躁,还很可能反驳:"你以为我连这都不懂?"第四,给孩子适当的帮助或引导,要学会"察言观色",孩子有心事时一般会在神情言语之间表现出来。这时,父母不要逼问孩子,而是可以跟孩子说些轻松的话题,或者带孩子参加一些有趣的活动,缓解孩子的忧虑,并在一个私下场合单独告诉孩子,如果孩子需要任何帮助,只要说一声。当孩子把心里话告诉可信任的成年人时,成年人不要像抓住了小辫子一样对孩子进行批评,或者说些丧气话,而应像帮助朋友一样给孩子帮助,帮他们出主意想办法,这样才能获得孩子的信任。

成长贴士

初中生的自我意识有了很大的发展,处于"心理断乳期"。由于独立的需求和内心的闭锁,青春期的孩子精神世界很丰富,心中藏着很多秘密,不希望自己的生活被成人过多干预。

作为家长和老师,一方面应该尊重孩子独立保守心中的秘密,另一方面,当孩子发现自己无法解决问题,需要同家长或老师分享秘密,寻求帮助和建议时,家长或老师可以尝试在倾听时身体前倾,以表示诚恳和专注;在倾听过程中,屏蔽干扰,专心倾听;寻找对方表达的关键信息,不轻易为对方分析、下评判;当对方倾诉时情绪不佳,给以情感上的支持,这样的有效倾听会让孩子更愿意与你分享"秘密",彼此收获信任。

成长话题

要不要为孩子争取一个"黄金座位"?

你家娃坐第几排？同桌是谁？

位置是怎样安排的？多久换一次？

这是家长们凑在一起时常常会聊到的话题。在许多家长眼中，让孩子在教室里找个好"地段"，是件再重要不过的事情。

每逢新学期开学，不少学校上演"排座江湖"，很多班主任为重新排座位而烦恼。尽管老师再三强调，排座只看男女搭配、个子高低，但家长仍不同程度地存在"座位焦虑"。面对家长们的这种担心和纠结，老师们也是想尽了办法，频频放招。

那么，班级里到底有没有"黄金座位"？家长们要不要为了孩子的座位跟老师交涉？让我们一起来看看老师们的做法，听一听家长们的想法吧！

✎ 成长论坛

【主持人】

杭州市安吉路教育集团新天地实验学校厉亮亮老师

【嘉　宾】

杭州市胜蓝实验中学汤来顺老师

杭州市风华中学苏洁老师

杭州市安吉路教育集团新天地实验学校赖妈妈

杭州市安吉路教育集团新天地实验学校徐妈妈

厉亮亮：

汤老师，您是区先锋班主任，又有着多年的班级管理经验，对于家长与学生提出的座位问题您是怎么解决的？

汤来顺：

座位的安排确实需要老师充分关注，不仅仅是因为家长很关切，更重要的是，座位安排如果科学，能够更有效地促进班级建设。我一般会用以下方法安排学生的座位。

一是组内梯级互动。小组内各个学业水平层次的学生都有，发挥各自特长、互帮互助，形成梯级互动，共担义务，携手成长；

二是洗牌式座位轮换。每个星期，各小组洗牌式座位轮换。前前后后，左左右右，学生有机会轮转到教室的各个方位。

三是根据积分自己挑座位。每个学期初，由学生根据积分顺序，自己挑选座位；每个学生都有机会选择自己满意的座位，每个学期都有调整的机会。和班级积分结合，激励学生力争上游。

四是身高或视力等问题。学生组内自行协商解决，通常组内会照顾视力不良的学生暂时靠前；身高确实有较大落差的，也同样组内调整即可。因为小组进行了兼顾前前后后、左左右右的洗牌式座位轮转，所以每个学生并不长期限制在后排或是前排，有均等的机会轮转到各个方位，具有普适性。

厉亮亮：

苏老师，"江湖"盛传教室里有"黄金座位"，那么，"黄金座位"确实存在吗？哪里是"黄金座位"呢？

苏　洁：

黄金座位的确存在。教师上课要面对40个学生，对每个学生所投注的关注是不同的。曾经有一个星期，我把自己的每一节课都录下来，观察自己的教态和教学语言，额外发现自己的目光更多停留在中间两组的第二排到倒数第二排、两边两组的最后两排。最受关注的范围像是一架朝前的飞机，中间是机身部分，两边是机翼部分。

我对两个部分的关注方式也不一样。我在讲授新知的时候，比较投入，往往把注意力集中在机身部分的学生，期待他们给予我反馈，与我互动。当我在讲作业、管理纪律的时候，我比较放松，对两边的"异动"很敏感，机翼部分学生常常会收到我的"眼刀"，从而停止小动作，专注当下。

一直以来，我们班的学生都是每周换一次大组的位置。但是自那次视频观察以来，我觉得横向的大组交换还不够，于是我又加入了另外两种换位置的方式。第一种是从学生性格出发，小范围内纵向调整。大部分时候，我都要考虑学生的身高来安排座位，但是有些学生需要坐在黄金位置上。我会把一些比较沉默内向的、不怎么有存在感的学生，从普通位置换到附近的黄金位置的范围里。比如原来这些学生坐第一排，正好在老师们的"盲区"里，同时他们不主动发言，常常低着头，我就把他们换到第二排。积极发言的学生坐在第一排，依旧很能刷存在感。

第二种是从学生的成绩出发，个别调换他们的位置。我告诉学生，在安排位置之前可以来提要求，我会尽量满足。但是如果平常的课堂和自修纪律成问题，考试成绩跌落，我就会把两个人的位置调开。而其中那个成绩退步比较大的学生，往往会被安排在黄金位置的范围里。

我的班级里的"黄金位置"往往是根据学生需要进行排列的。自律能力比较弱的学生、最近情绪和表现异常的学生、学习习惯好和学习积极性高的学生，都是黄金位置的人选。前两类学生能够获得老师更多的注意力，从而进步；第三类学生能够起到示范效应，也给老师以信心。

刚接班的时候，安排完座位时，也总有学生来找我，想换到前面和中间去。两边靠墙和角落的学生都对自己的位置不满意。班会课的时候，我就会告诉学生，老师读书的时候，因为个子高，所以一直坐在最后一排，但是这并不妨碍老师努力学习、获得进步。坐在最后，后面没有其他同学，前面同学也不回头，反而收获了清静。然后让学生思考自己目前这个位置的好处，让学生明白，现在看起来不大好的事情，其实也有其优势。我们应该多要求自己，不苛求环境和条件。

对家长来说,担忧孩子坐不到"黄金位置"是正常的,同时也应该充分信任老师。家长在孩子面前还是要多认可老师的安排,如果学生非常抵触,可以单独和老师沟通一下。学生们一直坐在一起,也会坐出一个"朋友圈",老师们如果能每个学期给这些朋友圈换换血,对培养学生的同辈交往能力也有益处。

厉亮亮:

赖妈妈您好,您认为孩子座位的安排重要吗?您会担心孩子在班里没有被安排到一个好座位吗?

赖妈妈:

孩子在教室里的位置不是想象中那么重要!我认为孩子看得清楚老师在黑板上写的字和数字就可以了,不管坐哪都行!除非孩子有特殊的身体情况,比如严重近视、弱听、身材过于矮小等,这些都可以通过家长跟老师沟通来解决的,不需要过分焦虑。其实这也是锻炼孩子的心理素质,对环境的适应能力,老师怎么安排就怎么坐,家长不要过多地干预,让孩子有特权思想或者是优越感。位置变动带来的环境变化对孩子的成长说不定还有正面作用。

厉亮亮:

徐妈妈,您的孩子坐在班级什么位置?您是否会对班主任老师安排的座位存在异议?

徐妈妈:

我好像没有特别关注过孩子座位的事,在养育孩子的路上一直是属于"放手型"的偏"佛系"家长,孩子个子比较高,基本一直都是坐在最后面两排的位置,最开始低年级的时候曾经问过他坐后面能看清楚黑板吗,他说可以啊。闲聊时也问过孩子:你觉得坐后面会影响你的学习吗?孩子说:不会啊!于是再也没有关注过他的座位情况,偶尔听到老师的评价以及评语都是说他上课比较专注,很认真在听课,回答问题也非常积极活跃,所以我们一直觉得孩子的学习水平以及上课情况和座位并没有什么直接的关系,反而是父母从小对孩子的学习习惯的培养,专注力的培养,积极乐观的性格培养,家庭环境氛围的影响,才是最重要的!

成长贴士

很多家长希望老师能把孩子安排在教室前面的座位,但是,教室前排的位置并不全是优点。长期坐前排,并不利于孩子视力的发展,甚至可能会加速孩子近视。

让我们先了解眼睛的"工作原理"。研究表明,正视眼(正常眼)在不动用眼部调节情况下,看近处物体时,物体成像会落在视网膜后方;看远处物体时,成像会落在视网膜上。因此,人眼想要看清,在看近时是需要动用调节的,看远则不需要。而5米是看近看远的一个分界线。标准视力的检查,一般是在5米以外的范围内进行。

人眼在看近处时,动用更多的调节会造成调节紧张,加上没有得到充足的休息,就很容易诱发近视。因此在教室学习时,一个教室的同学虽然都需要看黑板,但是每个人的调节强度还是不一样的。前排同学由于靠近黑板,需要更近距离的视物,动用眼部调节的强度更大,在没有得到充足休息的情况下,视力很容易比后排同学下降得快,会更容易近视。

所以对于教室座位的选择,不是教室前排就是好,最好还能有一个合理的视力考虑。

后 记

2020年9月,在原下城区教育局支持下,曹纺平名师智慧空间站正式挂牌启动。专学一人,失于固陋,采撷百家,成就芳华。一群热衷于中小学德育研究和实践的教育人因为名师智慧空间站而团聚在一起,开启一段匠心育德的新旅程。

经过近一个月的酝酿,我们建立起了"匠心育德"微信公众号,为自己开辟了一个可以不受时空限制,与更多人交流的空间。精华在笔端,咫尺匠心难。我们遇见的每个孩子是那么地不同,在这个空间里,我们只专注一件事——努力让每个孩子健康成长。这个"健康成长"指的是身体的健康,更指心灵的健康。当然,这个"健康",是尽我们所能后的"健康",是孩子独具一格的"健康"。

在教育的路上,家长,孩子,老师,其实都在成长,在共同成长的过程中追求成功,因此,教育也是一个不断探索成功的过程。如何正确理解成功与成长? 家庭,或者学校,最该教给孩子的是什么? 我们一群人,很天真地想通过自己的努力,发现一些有意思的现象,找到一些有意义的规律,从而提供一些有意味的建议。因此,"匠心育德"微信公众号有了一个固定的栏目——"每周一问"。

为什么说天真呢? 因为我们在研究、探讨、争辩的过程中,越来越觉得最初的踌躇满志、雄心壮志有些不太靠谱了,每个人都有自己独特的教育经历,每个人也都有自己独到的教育感悟,每个人都试图向别人证明这样的方法更好,或者这样的路走不通。于是,我们从踌躇满志、雄心壮志变成了人各有志、托物言志,"每周一问"也变得更加丰富和多元。

有一段时间,我们开始反思:我们这样的讨论到底有没有价值? 成功不能简单复制,成长也未必有规律可循。有一天,大家又开始一边讨论一个教育话题,一边打趣似的评价自己或者小伙伴的天真指数,并有小伙伴跟大家分享了他刚刚看过的一本书——《1980年代的爱情》,讲到了野夫说的那句话:"爱不为抵达,却处处都是为了成全。这样的成全如落红春泥,一枝一叶都是人间的怜悯。"因为没有抵达,才更加山高水远;因为没有抵达,才更加任重道远。

说到这里,我们这一群天真的人眼睛都亮了起来。我们所在做的事情,不正是如此吗?我们不是要告诉谁该怎么做才能更好地成长,更顺利地成功,我们是在成全,成全是一种智慧,也是一种幸福。就这样,《成全的智慧:解读孩子成长的42个问题》萌生了,我们也从人各有志、托物言志变成了专心致志、快心满志。

感谢将我们视为同路人、与我们结伴成长的你,感谢将"一点灵感"背后的感悟和建议留下的你,也感谢给予我们点赞、鼓励和支持的你,我们都是为了成全。

作　者
2022年6月